90日つけるだけ

90 DAYS
CONDITION NOTEBOOK

自律神経

心と体が整う
ノート

順天堂大学
医学部教授
小林弘幸

永岡書店

90日間、
このノートをつけるだけで

自律神経の整え方が身につき、心と体の不調がすっきり解消します！

自律神経には、体をアクティブにする「交感神経」と、お休みモードにする「副交感神経」があります。

2つがバランスよく、活発に働いているときが健康状態、精神状態ともにベストです。いくら寝ても疲れがとれなかったり、原因不明の不調が続いたりするときは、自律神経バランスの乱れが原因だと考えられます。

このノートは、毎日の体調や食事、メンタルに関する内容を書き込むことで、自律神経を整えるコツが自然と身につきます。新しい身体習慣が身につく目安はおよそ3ヵ月。90日間続ければ、コンディションは確実にアップ！ さあ、今日から始めましょう。

［理想的な１日の自律神経のリズム］

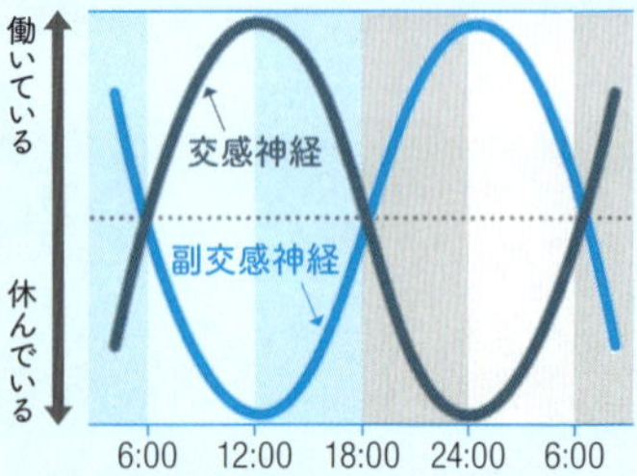

昼間は交感神経が優位になり、夜は副交感神経が優位になるのが、正常なリズムです。

自律神経は24時間絶えず働き続けている

血流や内臓の働きを司っている自律神経。心臓が動くのも、食べたものが胃で消化されるのも、汗をかくのも、すべて自律神経の働きによるものです。自分の意思に関係なく、体を維持するために休みなく働いています。

“なんとなく不調”は自律神経が原因かも……

受診しても「体には異常がない」といわれる不調の場合、自律神経が関係していることがあります。不規則な生活を送っていたり、ストレスがたまっていたりすると、自律神経はすぐに乱れてしまい、心身ともに調子が悪くなります。

交感神経はアクセル、副交感神経はブレーキの役割をしている

体を車にたとえると、交感神経が優位なときは、アクセルを踏み込んでいるような興奮状態、副交感神経が優位なときは、ブレーキがかかったリラックス状態です。健康も仕事も好調をキープするためには、双方のバランスがよいことが必須条件です。

	交感神経	副交感神経
目	瞳孔が開く	瞳孔が縮小する
口	ネバネバする	サラサラする
心臓	心拍数アップ	心拍数ダウン
血圧	上昇	下降
血管	収縮	拡張
胃腸	活動が低下する	活動が活発になる
膀胱	拡大	縮小
呼吸	促進	抑制

今の自律神経の状態をチェック

以下の質問に、**AB**、**A**、**B**、**−AB**から当てはまるものを1つ選ぶと、今のあなたの自律神経の状態がわかります。心身のコンディション（交感神経と副交感神経のバランス）を確認するために定期的にチェックしてください。

質問	AB	A	B	−AB
睡眠は？	横になったらすぐに眠れる	寝つきはよいが、昼間眠い	なかなか眠れないが朝まで眠れる	寝つけないし、寝ても何度も目が覚める
仕事や家事、勉強は？	やりがいを感じる。結果が出るとうれしい	始めるまで時間がかかる	できないことが不安でがんばりすぎてしまう	やる気が起こらず、集中力も続かない
食欲は？	朝昼晩ともおなかがすいて、おいしく食べられる	食べてもすぐにおなかが減る	おなかが減らない。胃もたれする	食べたくない。または必要以上に食べてしまう
体重は？	変わらない	つい食べすぎてしまい、太りやすい	ストレスを感じると、太りやすい	この1年で5kg以上増えた
手足の冷えは？	季節を通じて冷えは感じない	冷えはなく、逆に体がポカポカして眠くなる	お風呂あがりでも、すぐ冷えてしまう	寝つけないほど冷える。顔色が悪い
ストレスは？	感じても家でリセットできる	感じない。ボーッとしている	1日中、気が休まらない	強い不安があるが、考えるのがイヤで眠くなる
	AB＝　　個	A＝　　個	B＝　　個	−AB＝　　個

［AとBの合計を記入しよう］

Aは交感神経、**B**は副交感神経の働きをあらわしています。**AB**を選んだ場合はAとBに各1個ずつ足し、**−AB**を選んだ場合はAとBから各1個ずつ引いて、AとBのそれぞれの合計を出しましょう。

A	B
個	個

診断結果

あなたはどのタイプ？

A、Bともに5個以上

交感神経も副交感神経も高い

交感神経、副交感神経どちらもよく働いていて、バランスがいい状態です。心身ともにベストコンディション。この状態をキープしましょう。

Aが5個以上、Bが4個以下

交感神経は高いが、副交感神経は低い

緊張、興奮状態が続いていて、交感神経が優位になっています。ストレスがあり、焦りやイライラを感じやすい状態に。安らぐことが大切です。

Aが4個以下、Bが5個以上

交感神経は低いが、副交感神経は高い

副交感神経が交感神経よりも優位にある状態です。だるさや眠さを感じることが多く、太りやすかったり、メンタルに不調が出ることも……。

AもBも4個以下

交感神経も副交感神経も低い

交感神経、副交感神経ともに働きが弱くなっています。何ごとにもやる気が出ず、覇気がありません。この状態が続くと、心身ともに不調が生じます。

［このノートの使い方］

日づけなど

日にちと曜日を書き込んでください。天気と気分は丸で囲みましょう。

体の状態

体調データを記録することで、体の声が聞こえるようになる！

●体重（体脂肪率）・体温・血圧

1日のうちでも変化するので、計測は毎日同じ時間に。

●睡眠時間・お通じ・生理からの日数

自律神経のバランスにかかわる項目です。

●運動

スマホなどを活用して歩数を計測。どんな運動をしたかを書き込みます。

メンタルの整理

「3行日記」をつけることで、心が整理され余裕が生まれる！

●一番よくなかったこと

まず、ストレスを吐き出すつもりで嫌だったこと、失敗したこと、体調が悪かったことを書き込みます。嫌な気分をデトックスしましょう。

●一番よかったこと

次に、うまくいったことやうれしかったことを書き込みます。理由も記入すると、気持ちが前向きになります。

●感動・感謝したこと

最後に、その日に心に残った出来事を書き込みます。自分自身に起こったことではなく、ニュースで見聞きしたことでもOK。印象的な出来事を書くことで、毎日がかけがえのないものだと実感できます。

5 月 12 日（月）　天気　気分　1/90

●体重（7:30）60.7 kg 30.7％
●体温（7:30）36.4 度
●血圧（7:45）115 / 75 mmHg
●睡眠時間 6 時間（12:30～6:30）
●お通じ あり 回 ｜ なし
●生理から 20 日目 ｜ 生理中
●運動 通勤で駅まで歩いた（1日の歩数6870歩）

●朝食（7:10）カフェオレ
●昼食（12:00）オムライス、野菜サラダ
●間食（15:00）クッキー3枚
●夕食（19:30）野菜炒め、納豆、しめじのみそ汁

一番よくなかったこと：寝坊して、朝食を食べそこねた

一番よかったこと：締め切り前に企画書を提出した　いいアイデアが出てよかった！

感動・感謝したこと：先輩にランチをおごってもらった

［自己採点］
体調 3/5　メンタル 2/5
合計 5/10

30分早起きして
太陽の光を浴びる

時間に追われているときや焦っているときは、自律神経が乱れます。時間に対する焦りは自律神経を乱す大敵ですので、朝は今よりも30分早く起きましょう。そうすれば、出かける前にバタバタすることなく、余裕をもって1日をスタートできます。また、体内時計をリセットするために、起きたらすぐに朝日を浴びることを習慣にしましょう。

ノートを書くときのおすすめルール

❶ 寝る前に書く

このノートを書く行為は、「その日の心の片づけ」です。就寝前に書くと心が安定し、よい眠りを得られます。

❷ 手書きで丁寧に書く

一文字ずつ丁寧に手書きすると、呼吸が安定し、副交感神経の働きがよくなります。

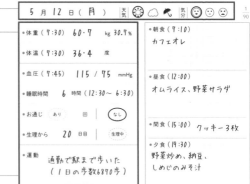

1日の終わりにノートを書くことで心がリセットされて、自律神経が安定していきます。
1日1ページ、健康状態や運動、食事内容、その日にあった出来事を記録しましょう。

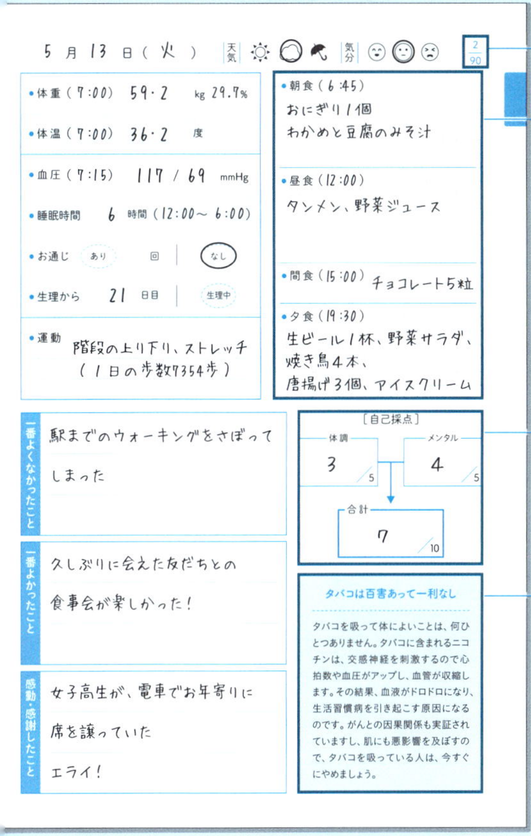

5 月 13 日（ 火 ） 天気 気分 2/90

・体重（7:00） 59・2 kg 29.7%
・体温（7:00） 36・2 度
・血圧（7:15） 117 / 69 mmHg
・睡眠時間 6 時間（12:00～6:00）
・お通じ あり 回 なし
・生理から 21 日目 生理中
・運動 階段の上り下り、ストレッチ（1日の歩数7354歩）

・朝食（6:45）
おにぎり1個
わかめと豆腐のみそ汁
・昼食（12:00）
タンメン、野菜ジュース
・間食（15:00） チョコレート5粒
・夕食（19:30）
生ビール1杯、野菜サラダ、
焼き鳥4本、
唐揚げ3個、アイスクリーム

一番よくなかったこと
駅までのウォーキングをさぼってしまった

一番よかったこと
久しぶりに会えた友だちとの食事会が楽しかった！

感動・感謝したこと
女子高生が、電車でお年寄りに席を譲っていた
エライ！

［自己採点］
体調 3/5
メンタル 4/5
合計 7/10

タバコは百害あって一利なし

タバコを吸って体によいことは、何ひとつありません。タバコに含まれるニコチンは、交感神経を刺激するので心拍数や血圧がアップし、血管が収縮します。その結果、血液がドロドロになり、生活習慣病を引き起こす原因になるのです。がんとの因果関係も実証されていますし、肌にも悪影響を及ぼすので、タバコを吸っている人は、今すぐにやめましょう。

90日間の何日目かを表示。

腸に良い食事

自律神経と腸の働きは密接に関わっています。腸によい食事をとることで、自律神経も整っていきます。

自律神経と自己採点

その日の体調とメンタルを振り返り、5点満点でそれぞれ採点しましょう。さらに合計点を記入します。体調とメンタルの点数にバラつきがなく、どちらも高いのが理想的。自律神経のバランスが良好な状態です。毎日点数化することで、自分の体調とメンタルの好不調の波を把握することができます。

自律神経にいいこと

自律神経を整えるために役立つプチ情報を紹介しています。できそうなことから始めてみましょう。

❸ 1人のときに書く

その日のことをしっかり思い出すために、落ち着ける場所で1人のときに書きましょう。

巻末には役立つ情報がいっぱい！

巻末には、小林先生が提案するスクワットのやり方や長生きみそ汁の作り方、メンタルを整える呼吸法、ぐっすり眠るためのエクササイズなど、自律神経を整えるための情報を掲載しています。思わず「へぇ」とうなる自律神経の話やメタボの診断基準、血圧の基準値など、健康管理に役立つ情報も満載です！

90日間で目指す 3つの目標

新しい身体習慣が身につくまでの目安は90日といわれています。
下のリストにチェックを入れ、
体調管理のために目指す3つの目標を決めましょう。

例：毎朝6時に起きる／1日7000歩を目標に歩く／毎食野菜を食べる

Check!

☑ 今、あなたが感じている不調にチェックを入れてください。

□ 疲れ・だるさ	□ 肥満	□ 高血圧	□ 不眠
□ 頭痛	□ 食欲の低下	□ 生理痛・生理不順	□ イライラ
□ 腰痛	□ 便秘・下痢	□ 過食	□ 不安
□ 肩こり	□ おなかが張る	□ 肌荒れ	□ やる気が出ない
□ めまい	□ 冷え	□ 抜け毛	□ 集中力の低下
□ 耳鳴り	□ 手足のしびれ		

1

2

3

★これらの目標を1ヵ月目→2ヵ月目→3ヵ月目にひとつずつ割り当てて、実行しましょう。

1～30日

1カ月目

今月の目標

月　日（　）　天気　気分

- 体重（ : ）　・　kg　%
- 体温（ : ）　・　度
- 血圧（ : ）　/　mmHg
- 睡眠時間　時間（ : 〜 : ）
- お通じ　あり　回 ｜ なし
- 生理から　日目 ｜ 生理中
- 運動

- 朝食（ : ）
- 昼食（ : ）
- 間食（ : ）
- 夕食（ : ）

一番よくなかったこと

一番よかったこと

感動・感謝したこと

［自己採点］

体調　/5

メンタル　/5

合計　/10

30分早起きして太陽の光を浴びる

時間に追われているときや焦っているときは、自律神経が乱れます。時間に対する焦りは自律神経を乱す大敵ですので、朝は今よりも30分早く起きましょう。そうすれば、出かける前にバタバタすることなく、余裕をもって1日をスタートできます。また、体内時計をリセットするために、起きたらすぐに朝日を浴びることを習慣にしましょう。

月　日（　）　天気　気分

- 体重（　:　）　・　kg　%
- 体温（　:　）　・　度
- 血圧（　:　）　/　mmHg
- 睡眠時間　時間（　:　〜　:　）
- お通じ　あり　回 ｜ なし
- 生理から　日目 ｜ 生理中
- 運動

- 朝食（　:　）
- 昼食（　:　）
- 間食（　:　）
- 夕食（　:　）

一番よくなかったこと

一番よかったこと

感動・感謝したこと

［自己採点］

体調　/5

メンタル　/5

合計　/10

タバコは百害あって一利なし

タバコを吸って体によいことは、何ひとつありません。タバコに含まれるニコチンは、交感神経を刺激するので心拍数や血圧がアップし、血管が収縮します。その結果、血液がドロドロになり、生活習慣病を引き起こす原因になるのです。がんとの因果関係も実証されていますし、肌にも悪影響を及ぼすので、タバコを吸っている人は、今すぐにやめましょう。

月　日（　）　天気　気分

- 体重（　:　）　.　kg　%
- 体温（　:　）　.　度
- 血圧（　:　）　/　mmHg
- 睡眠時間　時間（　:　～　:　）
- お通じ　あり　回 | なし
- 生理から　日目 | 生理中
- 運動

- 朝食（　:　）
- 昼食（　:　）
- 間食（　:　）
- 夕食（　:　）

一番よくなかったこと

一番よかったこと

感動・感謝したこと

［自己採点］

体調　/5

メンタル　/5

合計　/10

お酒を1杯飲んだら水を1杯飲む習慣を

アルコールは一種の興奮剤で、飲むと交感神経を刺激します。深酒をすると交感神経がずっと刺激されている状態となるため、自律神経によくありません。お酒を飲むコツは「お酒1杯に水1杯」の割合で水をちょこちょこ飲むことです。アルコールが体内で分解されるときに消費される水分を補えるので、脱水症状を防ぐことができます。

月　　日（　　）　天気　　気分

- 体重（　：　）　・　kg　%
- 体温（　：　）　・　度
- 血圧（　：　）　/　mmHg
- 睡眠時間　時間（　：　〜　：　）
- お通じ　あり　回｜なし
- 生理から　日目｜生理中
- 運動

- 朝食（　：　）
- 昼食（　：　）
- 間食（　：　）
- 夕食（　：　）

一番よくなかったこと

一番よかったこと

感動・感謝したこと

［自己採点］

体調	メンタル
/5	/5

合計 /10

寝室でのスマホの使用を禁止する

スマホはたしかに便利ですが、のべつ幕なしに手にしていては、生活をスマホに乗っ取られたも同然です。せめて「食事中」「トイレ」「寝るとき」は、スマホを見るのをやめてみるのはどうでしょう。なかでも寝るときのスマホは、自律神経を乱す大きな要因です。気持ちが落ち着かず、安眠を妨げます。スマホをアラームにしている人は、ぜひ目覚まし時計を使ってください。

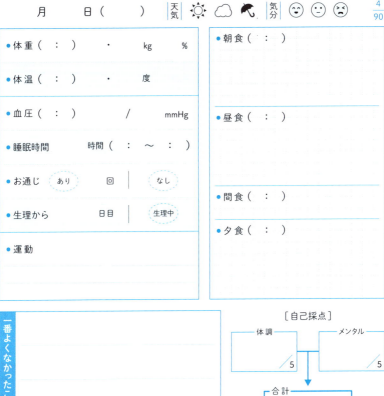

月　日（　）　天気　気分

- 体重（　：　）　・　kg　%
- 体温（　：　）　・　度
- 血圧（　：　）　/　mmHg
- 睡眠時間　時間（　：　〜　：　）
- お通じ　あり　回　｜　なし
- 生理から　日目　｜　生理中
- 運動

- 朝食（　：　）
- 昼食（　：　）
- 間食（　：　）
- 夕食（　：　）

一番よくなかったこと

一番よかったこと

感動・感謝したこと

［自己採点］

体調　/5

メンタル　/5

合計　/10

快眠を招くラベンダーの香り

好きな香りをかぐとリラックスしますよね。アロマテラピーは、自律神経を整えるのにも効果的です。なかでもおすすめは、リラックス作用が高いラベンダーの香りを睡眠に活用すること。寝る前にラベンダーのアロマオイルを焚いたり、入浴時にラベンダーの精油をたらした湯船につかったりすると、心地よく眠りにつくことができるでしょう。

月　日（　　）　天気　気分

- 体重（　:　）　.　kg　%
- 体温（　:　）　.　度
- 血圧（　:　）　/　mmHg
- 睡眠時間　時間（　:　～　:　）
- お通じ　あり　回　｜　なし
- 生理から　日目　｜　生理中
- 運動

- 朝食（　:　）
- 昼食（　:　）
- 間食（　:　）
- 夕食（　:　）

一番よくなかったこと

一番よかったこと

感動・感謝したこと

［自己採点］

体調　／5

メンタル　／5

合計　／10

昼間20～30分歩くと快眠できる

ぐっすり眠るのは、自律神経のコンディションを整えるためにも大切。眠りをコントロールするのは、セロトニンとメラトニンというホルモンです。セロトニンは朝、太陽を浴びると、メラトニンは日中に適度な運動をすると増えるので、早起きをし、昼間20～30分間歩きましょう。体力に自信がある人は、ビルの階段を7階分ぐらい上り下りするのもおすすめです。

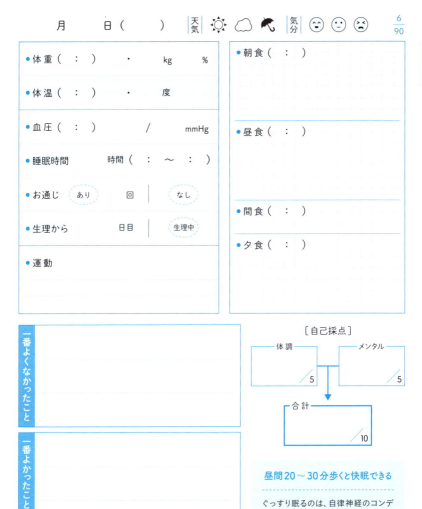

月　日（　）　天気　　気分

- 体重（ : ）　・　kg　%
- 体温（ : ）　・　度
- 血圧（ : ）　/　mmHg
- 睡眠時間　時間（ : 〜 : ）
- お通じ　あり　回　|　なし
- 生理から　日目　|　生理中
- 運動

- 朝食（ : ）
- 昼食（ : ）
- 間食（ : ）
- 夕食（ : ）

一番よくなかったこと

一番よかったこと

感動・感謝したこと

［自己採点］

体調　/5

メンタル　/5

合計　/10

寝る前に翌日の服装を決める

忙しい朝に、どの服を着ようか迷っているだけで、自律神経は乱れてしまいます。翌日着る洋服は、前日のうちに決めておくのがベストです。まずは天気予報をチェック。雨なのか晴れなのか、気温はどのぐらいなのかを確認します。次にスケジュール帳を見て、予定にふさわしい洋服を選択しましょう。そうすれば、朝はあわてず、余裕をもって行動することができるのです。

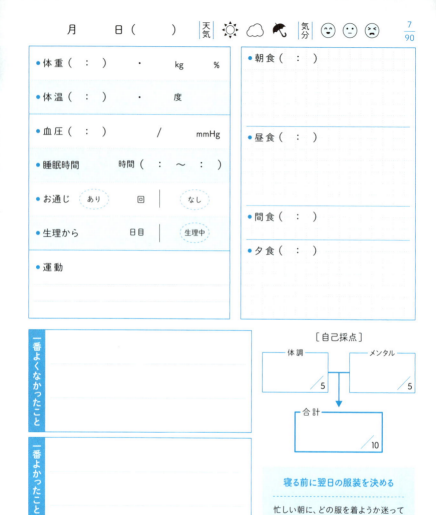

月　日（　）　天気　気分

- 体重（　:　）　・　kg　%
- 体温（　:　）　・　度
- 血圧（　:　）　/　mmHg
- 睡眠時間　時間（　:　〜　:　）
- お通じ　あり　回　｜　なし
- 生理から　日目　｜　生理中
- 運動

- 朝食（　:　）
- 昼食（　:　）
- 間食（　:　）
- 夕食（　:　）

一番よくなかったこと

一番よかったこと

感動・感謝したこと

［自己採点］

体調　/5

メンタル　/5

合計　/10

寝る前に翌日のシミュレーションを

迷ったり悩んだりすることはストレスに直結し、自律神経が乱れます。迷いや悩みを軽減するためには、思い通りの1日を過ごせるのがベストです。寝る前に、翌日の流れをざっくりとシミュレーションしてみましょう。朝食の内容や仕事の段取り、退社後の買い物や帰宅後にやることまでを軽くイメージするだけでOK。それだけで、翌日の充実度が格段にアップします。

月　日（　）　天気　気分

- 体重（　：　）　・　kg　%
- 体温（　：　）　・　度
- 血圧（　：　）　/　mmHg
- 睡眠時間　時間（　：　～　：　）
- お通じ　あり　回 ｜ なし
- 生理から　日目 ｜ 生理中
- 運動

- 朝食（　：　）
- 昼食（　：　）
- 間食（　：　）
- 夕食（　：　）

一番よくなかったこと

一番よかったこと

感動・感謝したこと

［自己採点］

体調　/5

メンタル　/5

合計　/10

1日無事に過ごせたことに感謝して眠る

「ありがとう」という感謝の言葉は、口に出すことはもちろん、心の中で唱えるだけで副交感神経が高まって呼吸が楽になり、気分が落ち着く効果があります。眠る前にベッドの中で「今日も1日ありがとう」と心の中で唱えましょう。おだやかな気持ちで1日を終えれば、その日にあった嫌なこともすべてリセットできます。

月　　日（　　）　天気　　気分

- 体重（　：　）　・　kg　%
- 体温（　：　）　・　度
- 血圧（　：　）　/　mmHg
- 睡眠時間　時間（　：　〜　：　）
- お通じ　あり　回　|　なし
- 生理から　日目　|　生理中
- 運動

- 朝食（　：　）
- 昼食（　：　）
- 間食（　：　）
- 夕食（　：　）

一番よくなかったこと

一番よかったこと

感動・感謝したこと

［自己採点］

体調　/5

メンタル　/5

合計　/10

思い切り泣ける映画を観る

映画を観て泣いたあと、気分がすっきりしたという経験はありませんか？ 感動して涙を流すと、ストレスホルモンが減少し、セロトニンという幸せ物質が活発になることがわかっています。つまり、泣いたあとに気分が晴れやかになるのは、このおかげなのです。映画やマンガ、小説、音楽など、自分が必ず泣ける作品をときどき観て、思いっきり涙を流してみましょう。

月　日（　）　天気　気分

- 体重（ : ）　・　kg　%
- 体温（ : ）　・　度
- 血圧（ : ）　/　mmHg
- 睡眠時間　時間（ : 〜 : ）
- お通じ　あり　回　|　なし
- 生理から　日目　|　生理中
- 運動

- 朝食（ : ）
- 昼食（ : ）
- 間食（ : ）
- 夕食（ : ）

一番よくなかったこと

一番よかったこと

感動・感謝したこと

［自己採点］

体調　/5

メンタル　/5

合計　/10

満員電車はなるべく避ける

知らない人と接触したり、混みすぎて降りたい駅で降りられなかったり……。イライラ、ピリピリする満員電車は自律神経を乱します。毎朝、空いている時間に電車に乗れるよう、時差通勤をしてみるのはどうでしょう。規定の出社時間よりも早めに家を出て、空いている時間に電車に乗り、会社の最寄り駅のカフェでひと息つけば、心に余裕がうまれます。

月　日（　）　天気　気分

- 体重（　:　）　・　kg　%
- 体温（　:　）　・　度
- 血圧（　:　）　/　mmHg
- 睡眠時間　時間（　:　〜　:　）
- お通じ　あり　回　｜　なし
- 生理から　日目　｜　生理中
- 運動

- 朝食（　:　）
- 昼食（　:　）
- 間食（　:　）
- 夕食（　:　）

一番よくなかったこと

一番よかったこと

感動・感謝したこと

［自己採点］

体調　/5

メンタル　/5

合計　/10

座るより立つ！　立つより歩く！

日常生活で、立ったり歩いたりしてよく動いている人は、座りっぱなしの人に比べて肥満が少なく、生活習慣病になるリスクが低いことが研究でわかっています。筋トレやジョギングなどの特別な運動をしなくても、日常生活でよく動いていれば、健康効果を得られるのです。日中の活動量を増やすことは、自律神経を良好に保つことにもつながります。

月　　日（　　）　天気　　気分

- 体重（　:　）　・　kg　%
- 体温（　:　）　・　度
- 血圧（　:　）　/　mmHg
- 睡眠時間　時間（　:　～　:　）
- お通じ　あり　回　｜　なし
- 生理から　日目　｜　生理中
- 運動

- 朝食（　:　）
- 昼食（　:　）
- 間食（　:　）
- 夕食（　:　）

一番よくなかったこと

一番よかったこと

感動・感謝したこと

［自己採点］

体調　/5

メンタル　/5

合計　/10

やる気が出ないときは体を動かす

やるべきことがあるのに気分が乗らないときは、とりあえず動いてみることが効果的です。家事でやる気が出ないなら、散歩をするのがベスト。職場であれば、荷物の梱包作業をしたり、机の上を整理したりするなど、手を動かす作業をしましょう。パソコンではなく、体を動かす作業をすると交感神経が働き出し、自然と集中力が高まってくるのです。

月　日（　）　天気　気分

- 体重（　:　）　・　kg　%
- 体温（　:　）　・　度
- 血圧（　:　）　/　mmHg
- 睡眠時間　時間（　:　〜　:　）
- お通じ　あり　回　｜　なし
- 生理から　日目　｜　生理中
- 運動

- 朝食（　:　）
- 昼食（　:　）
- 間食（　:　）
- 夕食（　:　）

一番よくなかったこと

一番よかったこと

感動・感謝したこと

［自己採点］

体調　/5

メンタル　/5

合計　/10

炭水化物のとりすぎは疲れる

炭水化物メインのランチをとったあと、午後の仕事で眠くなったことはありませんか？ 炭水化物を食べすぎると交感神経が一気に上昇します。しばらくすると、その反動で副交感神経の働きが急上昇します。自律神経が急転換すると、体はだるさや疲れを感じたり、眠くなったりするのです。午後に重要な仕事や会議があるときには、ランチの炭水化物は控えめにしましょう。

月　日（　）　天気　気分

- 体重（ : ）　・　kg　%
- 体温（ : ）　・　度
- 血圧（ : ）　/　mmHg
- 睡眠時間　時間（ : 〜 : ）
- お通じ　あり　回　｜　なし
- 生理から　日目　｜　生理中
- 運動

- 朝食（ : ）
- 昼食（ : ）
- 間食（ : ）
- 夕食（ : ）

一番よくなかったこと

一番よかったこと

感動・感謝したこと

［自己採点］

体調	メンタル	合計
/5	/5	/10

米やパンは「白」より「茶色」を

腸内環境を整えるためには、食物繊維をたくさんとることが大切です。主食のごはんやパンは、白いものよりも茶色いもののほうが、食物繊維を豊富に摂取することができます。白米を玄米に変えたり、白米に雑穀やもち麦を混ぜたりしてもいいでしょう。パンはライ麦パンや全粒粉入りのものを選ぶほうが腸活におすすめです。

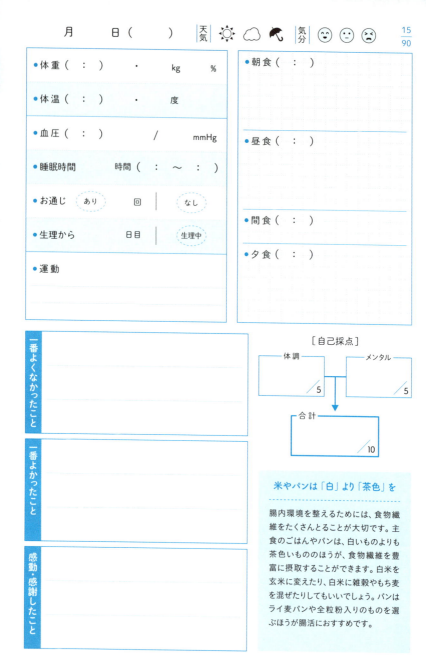

月　　日（　　）　天気　気分

- 体重（　：　）　・　kg　%
- 体温（　：　）　・　度
- 血圧（　：　）　/　mmHg
- 睡眠時間　時間（　：　〜　：　）
- お通じ　あり　回　｜　なし
- 生理から　日目　｜　生理中
- 運動

- 朝食（　：　）
- 昼食（　：　）
- 間食（　：　）
- 夕食（　：　）

一番よくなかったこと

一番よかったこと

感動・感謝したこと

［自己採点］

体調	メンタル
/5	/5

合計 /10

動物性タンパク質をとる

自律神経の原料は動物性のタンパク質です。タンパク質には、大豆などの植物性と肉などの動物性がありますが、自律神経の働きを高めたいなら動物性のタンパク質を意識して摂取しましょう。年を重ねてもパワフルに活動するシニアの方には、お肉好きが多いといわれています。肉に限らず、魚や卵も動物性タンパク質です。日々の食事で意識的にとり入れてください。

月　日（　）天気　気分

- 体重（ : ）　・　kg　%
- 体温（ : ）　・　度
- 血圧（ : ）　/　mmHg
- 睡眠時間　時間（ : 〜 : ）
- お通じ　あり　回 | なし
- 生理から　日目 | 生理中
- 運動

- 朝食（ : ）
- 昼食（ : ）
- 間食（ : ）
- 夕食（ : ）

一番よくなかったこと

一番よかったこと

感動・感謝したこと

［自己採点］

体調　/5

メンタル　/5

合計　/10

よく噛んで食べれば カロリー消費量がアップ

同じものを食べたとき、あまり噛まずに食べたときよりも、よく噛んで食べたときのほうがカロリー消費量がアップすることが科学的に証明されています。目安は一口ごとに30回噛むこと。食べ物を口にするたびに箸を置けば、インターバルができ、ゆっくりと食べられます。たくさん噛むと消化にもよく、健康にもプラスの効果をもたらします。

月　　日（　　）　天気　気分

- 体重（ : ）　・　kg　%
- 体温（ : ）　・　度
- 血圧（ : ）　/　mmHg
- 睡眠時間　時間（ : 〜 : ）
- お通じ　あり　回　｜　なし
- 生理から　日目　｜　生理中
- 運動

- 朝食（ : ）
- 昼食（ : ）
- 間食（ : ）
- 夕食（ : ）

一番よくなかったこと

一番よかったこと

感動・感謝したこと

［自己採点］

体調　/5

メンタル　/5

合計　/10

あたたかいものを食べる、飲む

自律神経は温度差に弱いという特徴があります。体温をなるべく一定にキープしておくために、冷たいものをとりすぎないように心がけましょう。夏場、のどが渇いてゴクゴク飲みたいときも、できれば常温のものを選んでください。また夕飯では、あたたかいみそ汁やスープを添えると体が芯から温まって腸内環境も整い、そのあとの睡眠にもよい影響をもたらします。

月　日（　）　天気　気分

- 体重（ : ）　・　kg　%
- 体温（ : ）　・　度
- 血圧（ : ）　/　mmHg
- 睡眠時間　時間（ : 〜 : ）
- お通じ　あり　回　｜　なし
- 生理から　日目　｜　生理中
- 運動

- 朝食（ : ）
- 昼食（ : ）
- 間食（ : ）
- 夕食（ : ）

一番よくなかったこと

一番よかったこと

感動・感謝したこと

［自己採点］

体調	メンタル
/5	/5

合計 /10

1日1.5〜2リットルの水を飲む

人体の60〜65％は水分でできています。体内の水分をフレッシュにしておくためには、1日に1.5〜2リットルの水をこまめにとることが大切です。水をたくさん飲むと体がむくんでしまうと思っている人がいますが、実は逆。水分が不足すると、体は水をためこもうとするため、むくむのです。むくみがちな人は、一度水分のとり方を見直してみるといいでしょう。

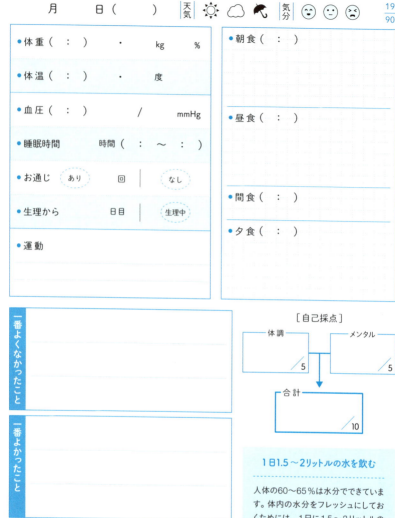

月　日（　）　天気　気分

- 体重（　:　）　・　kg　%
- 体温（　:　）　・　度
- 血圧（　:　）　/　mmHg
- 睡眠時間　時間（　:　〜　:　）
- お通じ　あり　回　｜　なし
- 生理から　日目　｜　生理中
- 運動

- 朝食（　:　）
- 昼食（　:　）
- 間食（　:　）
- 夕食（　:　）

一番よくなかったこと

一番よかったこと

感動・感謝したこと

［自己採点］

体調　/5

メンタル　/5

合計　/10

ホットコーヒーは自律神経を安定させる

コーヒーはカフェインを含むので、交感神経を活性化させる働きがあります。また、末梢血管の血流をよくする効果や、動脈硬化を予防する効果も期待できます。飲むなら体を冷やさないように、アイスよりもホットがおすすめ。1日に飲む量は2〜4杯が適量です。夜遅い時間に飲むと、眠れなくなることがあるので気をつけましょう。

月　　日（　　）　天気　気分

● 体重（　:　）　　・　　kg　　%

● 体温（　:　）　　・　　度

● 血圧（　:　）　　/　　mmHg

● 睡眠時間　　時間（　:　〜　:　）

● お通じ　あり　　回 ｜ なし

● 生理から　　日目 ｜ 生理中

● 運動

● 朝食（　:　）

● 昼食（　:　）

● 間食（　:　）

● 夕食（　:　）

一番よくなかったこと

一番よかったこと

感動・感謝したこと

［自己採点］

体調　　/5

メンタル　　/5

合計　　/10

チョコレートは完全栄養食

チョコレートには、健康によい成分がたくさん含まれています。主原料のカカオには、血流促進の効果があり、カカオポリフェノールには、動脈硬化予防の効果も期待できます。さらにテオブロミンという成分には鎮静作用があり、副交感神経を刺激し、脳の疲労を取り除きます。糖分も適度に補給できるので、おやつにちょこっと食べるのに適しています。

月　日（　）　天気　気分

- 体重（ : ）　・　kg　%
- 体温（ : ）　・　度
- 血圧（ : ）　/　mmHg
- 睡眠時間　時間（ : 〜 : ）
- お通じ　あり　回　｜　なし
- 生理から　日目　｜　生理中
- 運動

- 朝食（ : ）
- 昼食（ : ）
- 間食（ : ）
- 夕食（ : ）

一番よくなかったこと

一番よかったこと

感動・感謝したこと

［自己採点］

体調　/5

メンタル　/5

合計　/10

緊張やイライラしたときはガムを噛む

ガムを噛むと、脳の血流がアップし、脳が活性化することがわかっています。そのうえ、副交感神経を刺激するので、心身ともにリラックスできます。緊張しているときやイライラしているときにガムを噛めば、平常心を取り戻すことが可能です。とくにミント味のガムは、唾液量が増え、免疫物質の分泌率がアップするという報告もあります。

月　日（　）　天気　気分

- 体重（　：　）　・　kg　%
- 体温（　：　）　・　度
- 血圧（　：　）　/　mmHg
- 睡眠時間　時間（　：　〜　：　）
- お通じ　あり　回 ｜ なし
- 生理から　日目 ｜ 生理中
- 運動

- 朝食（　：　）
- 昼食（　：　）
- 間食（　：　）
- 夕食（　：　）

一番よくなかったこと

一番よかったこと

感動・感謝したこと

［自己採点］

体調　/5

メンタル　/5

合計　/10

毎朝同じ時間にトイレに行く

便秘に悩んでいる人は、できるだけ毎朝同じ時間、同じタイミングで便座に座りましょう。たとえば「朝食」→「排便」というパターンをつくります。最初のうちは出ないかもしれませんし、無理に出そうとしなくても構いません。毎日繰り返すことで、腸と脳がこのパターンを覚えます。すると便座に座ると腸が活動するようになり、自然に便意をもよおすようになるのです。

月　　日（　　）　天気　気分

- 体重（　：　）　・　kg　%
- 体温（　：　）　・　度
- 血圧（　：　）　/　mmHg
- 睡眠時間　時間（　：　〜　：　）
- お通じ　あり　回　｜　なし
- 生理から　日目　｜　生理中
- 運動

- 朝食（　：　）
- 昼食（　：　）
- 間食（　：　）
- 夕食（　：　）

一番よくなかったこと

一番よかったこと

感動・感謝したこと

［自己採点］

体調　/5

メンタル　/5

合計　/10

ゆっくり話し、ゆっくり伝える

感情的になればなるほど、話すスピードがアップします。人の話にすぐに反応したり、反論したりするのは、自律神経が乱れている証拠。自律神経を整えるためにも、ゆっくり話すことを心がけましょう。そうすれば、余計なことを言わずにすみ、後悔することも減ります。10のことをパパッと伝えるより、1つか2つのことをゆっくり伝えるほうが相手は覚えているものです。

月　日（　）　天気　気分

- 体重（　:　）　・　kg　%
- 体温（　:　）　・　度
- 血圧（　:　）　/　mmHg
- 睡眠時間　時間（　:　〜　:　）
- お通じ　あり　回｜なし
- 生理から　日目｜生理中
- 運動

- 朝食（　:　）
- 昼食（　:　）
- 間食（　:　）
- 夕食（　:　）

一番よくなかったこと

一番よかったこと

感動・感謝したこと

［自己採点］

体調　/5
メンタル　/5
合計　/10

意味のない飲み会は断る

参加の意義を感じない飲み会や食事会に誘われたときは、思い切って断りましょう。目的もなくダラダラとお酒を飲むだけの会に出席すると、自律神経のバランスが乱れます。そういう会は、欠席をして自分の体調を整えたほうが、何倍も心身のためになるのです。どうしても出席しないといけない場合は、自分で時間を決めて途中退席してもいいでしょう。

月　　日（　　）　天気　気分

- 体重（　:　）　・　kg　%
- 体温（　:　）　・　度
- 血圧（　:　）　/　mmHg
- 睡眠時間　時間（　:　〜　:　）
- お通じ　あり　回｜なし
- 生理から　日目｜生理中
- 運動

- 朝食（　:　）
- 昼食（　:　）
- 間食（　:　）
- 夕食（　:　）

一番よくなかったこと

一番よかったこと

感動・感謝したこと

［自己採点］

体調　/5

メンタル　/5

合計　/10

重たすぎる荷物を持たない

重い荷物は、体に負担をかけると同時に、精神的にもストレスになります。荷物が重たいと感じている人は、バッグの中を見直してみましょう。使わないけれど、なんとなく持ち歩いているものがあればバッグの外へ。本当に必要なものだけを入れておけば、バッグの中をあれこれ探すこともありません。荷物も軽くなると、ストレスも軽減されます。

月　日（　）　天気　気分

- 体重（　:　）　・　kg　%
- 体温（　:　）　・　度
- 血圧（　:　）　/　mmHg
- 睡眠時間　時間（　:　〜　:　）
- お通じ　あり　回 ｜ なし
- 生理から　日目 ｜ 生理中
- 運動

- 朝食（　:　）
- 昼食（　:　）
- 間食（　:　）
- 夕食（　:　）

一番よくなかったこと

一番よかったこと

感動・感謝したこと

［自己採点］

体調　/5

メンタル　/5

合計　/10

きつい服や下着を身につけない

着ているものがきつくて、イライラが募ったり、集中力が低下したりした経験はありませんか？ 体を締めつけることは、自律神経を乱す原因になります。もっとも気をつけたいのは、実力を発揮したい場です。スリムに見せようとしてタイトな衣類を身につけると、いつもどおりのパフォーマンスを出せなくなるので、締めつけのないものをセレクトしましょう。

月　日（　）　天気　気分

- 体重（ : ）　・　kg　%
- 体温（ : ）　・　度
- 血圧（ : ）　/　mmHg
- 睡眠時間　時間（ : 〜 : ）
- お通じ　あり　回　｜　なし
- 生理から　日目　｜　生理中
- 運動

- 朝食（ : ）
- 昼食（ : ）
- 間食（ : ）
- 夕食（ : ）

一番よくなかったこと

一番よかったこと

感動・感謝したこと

［自己採点］

体調　/5

メンタル　/5

合計　/10

天気予報で気温差を確認する

「暑い」「寒い」と感じるだけで自律神経は乱れてしまいます。天気予報を確認し、気温の変化に先回りして、服装や食事の準備をしましょう。「明日は寒くなりそうだ」という日は厚手のコート、料理は鍋ものを準備するといったように、心づもりをしておくだけで、日々の気温差にあわてることなく対応でき、自律神経が受けるダメージを少なくできます。

月　　日（　　）　天気　気分

- 体重（　：　）　・　kg　%
- 体温（　：　）　・　度
- 血圧（　：　）　/　mmHg
- 睡眠時間　時間（　：　～　：　）
- お通じ　あり　回 ｜ なし
- 生理から　日目 ｜ 生理中
- 運動

- 朝食（　：　）
- 昼食（　：　）
- 間食（　：　）
- 夕食（　：　）

一番よくなかったこと

一番よかったこと

感動・感謝したこと

［自己採点］

体調　/5

メンタル　/5

合計　/10

天気の悪い日は明るい色の洋服を着る

空がどんよりしていたり、雨が降っていたりすると気分がなんとなく落ち込みますよね。そんなときは、明るい色の洋服をセレクトしましょう。ハンカチなど小物に明るい色を用いてもいいですね。明るい色は交感神経を刺激し、やる気をアップさせる効果があります。逆に暗い色は副交感神経を刺激し、気分を落ち着かせる効果があります。

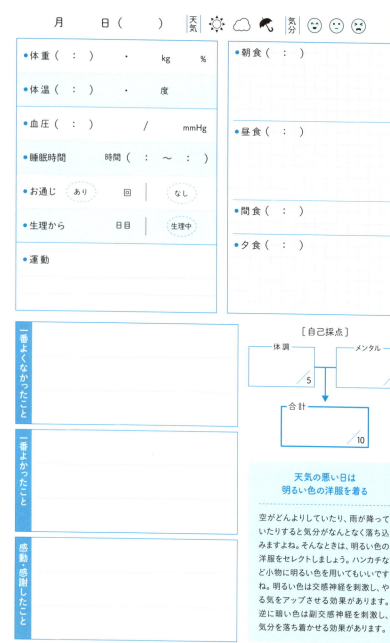

月　日（　）　天気　気分

- 体重（　：　）　・　kg　%
- 体温（　：　）　・　度
- 血圧（　：　）　/　mmHg
- 睡眠時間　時間（　：　〜　：　）
- お通じ　あり　回　|　なし
- 生理から　日目　|　生理中
- 運動

- 朝食（　：　）
- 昼食（　：　）
- 間食（　：　）
- 夕食（　：　）

一番よくなかったこと

一番よかったこと

感動・感謝したこと

［自己採点］

体調　/5

メンタル　/5

合計　/10

着ていない服は思い切って捨てる

1年前の同じ季節に1度も着なかった洋服は、今後着る可能性はゼロに近いので、思い切って処分しましょう。捨てるのがもったいない、気がひけるという場合は、リサイクルに出したり、寄付をしたりすることもできます。不要なものを処分すると気分がスッキリして、心に余裕がうまれます。それは自律神経を整えることにもつながるのです。

1〜30日のまとめ

自律神経を意識した生活には、慣れてきましたか?
この1ヵ月間を振り返って感想を書き込みましょう。

1ヵ月目の目標は達成できましたか?

□ YES　□ NO

よかったこと

よくなかったこと

31～60日

2カ月目

今月の目標

月　日（　）　天気　気分

- 体重（ : ）　・　kg　%
- 体温（ : ）　・　度
- 血圧（ : ）　/　mmHg
- 睡眠時間　時間（ : 〜 : ）
- お通じ　あり　回 | なし
- 生理から　日目 | 生理中
- 運動

- 朝食（ : ）
- 昼食（ : ）
- 間食（ : ）
- 夕食（ : ）

一番よくなかったこと

一番よかったこと

感動・感謝したこと

［自己採点］

体調　/5

メンタル　/5

合計　/10

手帳や財布は目立つ色をセレクト

必要なものをすぐに取り出せないことは、ストレスに直結します。「あれがない！」「どこだっけ？」と探しものに時間がかかると、自律神経はどんどん乱れるのです。バッグの中に入れることが多い手帳や財布は、見つけやすい色味のものを選びましょう。黒や茶色では、暗いバッグの中では見つけにくいので、ピンクや黄色など、明るい色のほうがおすすめです。

月　日（　）　天気　気分

● 体重（ : ）　・　kg　%

● 体温（ : ）　・　度

● 血圧（ : ）　/　mmHg

● 睡眠時間　時間（ : 〜 : ）

● お通じ　あり　回 ｜ なし

● 生理から　日目 ｜ 生理中

● 運動

● 朝食（ : ）

● 昼食（ : ）

● 間食（ : ）

● 夕食（ : ）

一番よくなかったこと

一番よかったこと

感動・感謝したこと

［自己採点］

体調　/5

メンタル　/5

合計　/10

スケジュール帳は手書きがよい

「筆記用具を使って書く」ということは、自分と向き合う行為です。一文字一文字丁寧に手書きすることで呼吸が安定し、心も体も落ち着いた状態になります。つまり、手書きは自律神経のバランスが整う行為なのです。最近はスマホでスケジュール管理している人も多いと思いますが、自律神経の安定をのぞむなら、手帳に手書きすることをおすすめします。

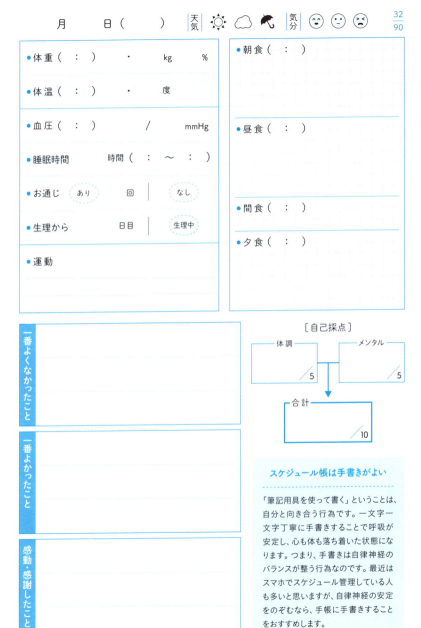

月　　日（　　）　天気　気分

- 体重（　:　）　・　kg　%
- 体温（　:　）　・　度
- 血圧（　:　）　/　mmHg
- 睡眠時間　時間（　:　〜　:　）
- お通じ　あり　回｜なし
- 生理から　日目｜生理中
- 運動

- 朝食（　:　）
- 昼食（　:　）
- 間食（　:　）
- 夕食（　:　）

一番よくなかったこと

一番よかったこと

感動・感謝したこと

［自己採点］

体調　/5

メンタル　/5

合計　/10

週に1日は予定を何も入れない

「スケジュール帳に空白の日があると落ち着かない……」という人がいます。しかし、スケジュールをつめ込みすぎると、心身ともに余裕がなくなり、自律神経が乱れてしまいます。スケジュール帳に空白を書き込むようなつもりで、「ゆとりの1日」を設けましょう。もし忙しければ、仕事に当ててもよいですし、疲れていれば早く帰宅して自分のために時間を使いましょう。

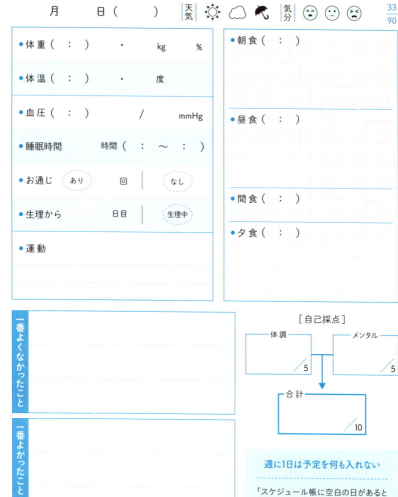

月　日（　）　天気　気分

- 体重（　：　）　・　kg　%
- 体温（　：　）　・　度
- 血圧（　：　）　/　mmHg
- 睡眠時間　時間（　：　〜　：　）
- お通じ　あり　回 | なし
- 生理から　日目 | 生理中
- 運動

- 朝食（　：　）
- 昼食（　：　）
- 間食（　：　）
- 夕食（　：　）

一番よくなかったこと

一番よかったこと

感動・感謝したこと

［自己採点］

体調　/5

メンタル　/5

合計　/10

電子マネーは早めにチャージ

最近はキャッシュレス化が進み、電子マネーを利用する人も増えました。お釣りを気にしなくていいので便利ですが、電子マネーで支払うときに残高が足りずに焦ったことはありませんか？後ろに人が並んでいたりして「早くチャージしなくちゃ！」と焦ると、自律神経が乱れます。電子マネーはこまめに残高を確認し、早めにチャージすることが肝心です。

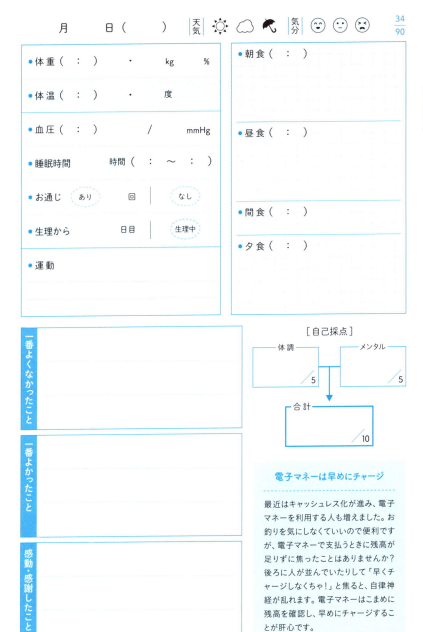

月　日（　）　天気　　気分

- 体重（ : ）　・　kg　%
- 体温（ : ）　・　度
- 血圧（ : ）　/　mmHg
- 睡眠時間　時間（ : 〜 : ）
- お通じ　あり　回　｜　なし
- 生理から　日目　｜　生理中
- 運動

- 朝食（ : ）
- 昼食（ : ）
- 間食（ : ）
- 夕食（ : ）

一番よくなかったこと

一番よかったこと

感動・感謝したこと

［自己採点］

体調　/5

メンタル　/5

合計　/10

お財布にレシートをため込まない

買い物をすると、あっという間にレシートがたまってしまいます。それをお財布に入れっぱなしにしていませんか？ レシートがお財布の中でかさばると、必要なときに現金やカードを出しにくくなり、ストレスになります。できれば1日１回はお財布の中を整理して、不要なレシートを捨て、必要なものをスムーズに出し入れできるよう習慣づけましょう。

月　日（　）　天気　気分

● 体重（　:　）　・　kg　%

● 体温（　:　）　・　度

● 血圧（　:　）　/　mmHg

● 睡眠時間　時間（　:　～　:　）

● お通じ　あり　回 ｜ なし

● 生理から　日目 ｜ 生理中

● 運動

● 朝食（　:　）

● 昼食（　:　）

● 間食（　:　）

● 夕食（　:　）

一番よくなかったこと

一番よかったこと

感動・感謝したこと

［自己採点］

体調　/5

メンタル　/5

合計　/10

夜、食事会があるときは
ランチを軽めに

暴飲暴食をしないことは、日々のコンディションを整えるための基本です。夜、食事会やパーティーの予定があるときは「夕食を多めに食べる」ことを前提に、ランチを少なめにしたり、日中の活動量を増やしたりして調整しましょう。大切なのは、翌日に持ち込まず、その日のうちに調整すること。「食べすぎたから朝食を抜こう」はNGです。

月　日（　）　天気　気分

- 体重（　：　）　・　kg　%
- 体温（　：　）　・　度
- 血圧（　：　）　/　mmHg
- 睡眠時間　時間（　：　～　：　）
- お通じ　あり　回　｜　なし
- 生理から　日目　｜　生理中
- 運動

- 朝食（　：　）
- 昼食（　：　）
- 間食（　：　）
- 夕食（　：　）

一番よくなかったこと

一番よかったこと

感動・感謝したこと

［自己採点］

体調　/5

メンタル　/5

合計　/10

コンビニごはんは「ちょい少なめ」に

ランチや夕飯をコンビニですませるときに注意したいのは、量を買いすぎてしまうことです。「麺だけじゃ足りないから、おにぎりも」「サンドイッチ１つじゃ少ないから、菓子パンも」。こういうケースが多いのではないでしょうか。コンビニごはんのときは、ちょい少なめの量で、スープ類と発酵食品を取り入れるのがおすすめです。

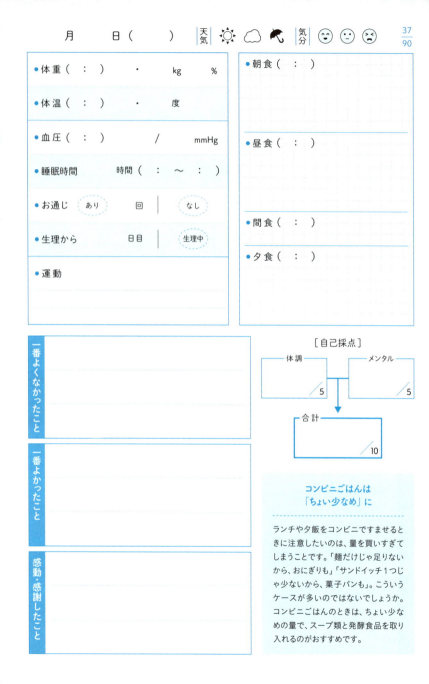

月　日（　）　天気　気分

- 体重（　：　）　・　kg　%
- 体温（　：　）　・　度
- 血圧（　：　）　/　mmHg
- 睡眠時間　時間（　：　〜　：　）
- お通じ　あり　回　なし
- 生理から　日目　生理中
- 運動

- 朝食（　：　）
- 昼食（　：　）
- 間食（　：　）
- 夕食（　：　）

一番よくなかったこと

一番よかったこと

感動・感謝したこと

［自己採点］

体調　/5

メンタル　/5

合計　/10

忙しいときほど「腸活」をする

仕事が忙しいと、食事を二の次にしてしまうことはありませんか？ 食生活が乱れると腸のリズムも乱れ、自律神経のバランスが崩れてしまいます。そうすると免疫力も低下するので、体調を崩してしまうことになりかねません。忙しいとき、大事な仕事があるときほど、1日3食きちんと食べ、食物繊維や発酵食品を意識して摂取して、腸内環境を整えましょう。

月　日（　）　天気 ☀ ☁ ☂　気分 😊 😐 😣

- 体重（ ： ）　・　kg　%
- 体温（ ： ）　・　度
- 血圧（ ： ）　/　mmHg
- 睡眠時間　時間（ ： 〜 ： ）
- お通じ　あり　回 | なし
- 生理から　日目 | 生理中
- 運動

- 朝食（ ： ）
- 昼食（ ： ）
- 間食（ ： ）
- 夕食（ ： ）

一番よくなかったこと

一番よかったこと

感動・感謝したこと

［自己採点］

体調　/5

メンタル　/5

合計　/10

オリーブ油やアマニ油を使う

ダイエット中なので脂質はなるべくとらない、という人にもぜひ使ってほしいのが、オリーブ油とアマニ油です。これらは腸の潤滑油として排便をスムーズに促す効果が期待できます。バターの代わりにパンにつけたり、サラダにかけるドレッシングをオリーブ油とバルサミコ酢に変えるのもおすすめ。寝る前にアマニ油をティースプーン1杯飲むと、翌朝の快便に役立ちます。

月　日（　）　天気　気分

- 体重（　:　）　・　kg　%
- 体温（　:　）　・　度
- 血圧（　:　）　/　mmHg
- 睡眠時間　時間（　:　〜　:　）
- お通じ　あり　回 | なし
- 生理から　日目 | 生理中
- 運動

- 朝食（　:　）
- 昼食（　:　）
- 間食（　:　）
- 夕食（　:　）

一番よくなかったこと

一番よかったこと

感動・感謝したこと

［自己採点］

体調　/5

メンタル　/5

合計　/10

疲れたときはネバネバ食品をとる

疲れたときやバテ気味のときは食物繊維を意識してとり、腸のコンディションを整えましょう。即効性があるのは、納豆、オクラ、山芋、めかぶ、なめこ、モロヘイヤなどのネバネバ食品です。これらは腸がよろこぶ水溶性食物繊維で、ネバネバ成分には整腸作用もあります。疲れたときにしっかりとることで、腸が元気になり、自律神経も活性化します。

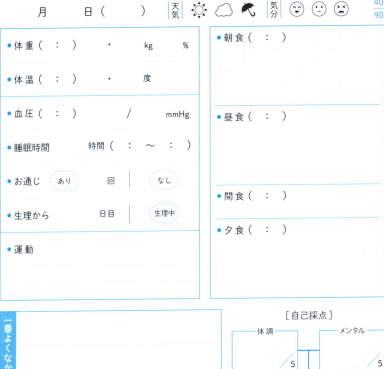

月　日（　）　天気　気分

- 体重（　:　）　.　kg　%
- 体温（　:　）　.　度
- 血圧（　:　）　/　mmHg
- 睡眠時間　時間（　:　〜　:　）
- お通じ　あり　回　|　なし
- 生理から　日目　|　生理中
- 運動

- 朝食（　:　）
- 昼食（　:　）
- 間食（　:　）
- 夕食（　:　）

一番よくなかったこと

一番よかったこと

感動・感謝したこと

［自己採点］

体調　/5

メンタル　/5

合計　/10

朝は炭水化物をしっかり食べる

炭水化物のとりすぎは糖質過多になるので、ごはんやパンをしっかり食べるのは3回の食事のうち、1回にするのがおすすめです。ベストは朝食。1日の活動のためのエネルギーが必要なので、炭水化物を多めに食べておいたほうがいいのです。昼や夜にがっつり食べてしまったときは、朝食での量を減らすなど、配分バランスを調整しましょう。

月　日（　）　天気　気分

- 体重（　:　）　・　kg　%
- 体温（　:　）　・　度
- 血圧（　:　）　/　mmHg
- 睡眠時間　時間（　:　〜　:　）
- お通じ　あり　回　｜　なし
- 生理から　日目　｜　生理中
- 運動

- 朝食（　:　）
- 昼食（　:　）
- 間食（　:　）
- 夕食（　:　）

一番よくなかったこと

一番よかったこと

感動・感謝したこと

［自己採点］

体調	メンタル	合計
/5	/5	/10

人の評価を口にしない

誰かの話題になったとき、その人のことをよく思っていなければ、どうしても辛口コメントをしてしまいがちです。失言して後悔することもあるでしょう。そんなときにおすすめなのは、「よく知らないんですよ」と言うことです。「わからない」というスタンスで、良いも悪いも評価を口にしないと決めておけば、後悔やストレスを感じることもなくなります。

月　日（　）　天気　気分

- 体重（ : ）　・　kg　%
- 体温（ : ）　・　度
- 血圧（ : ）　/　mmHg
- 睡眠時間　時間（ : 〜 : ）
- お通じ　あり　回　｜　なし
- 生理から　日目　｜　生理中
- 運動

- 朝食（ : ）
- 昼食（ : ）
- 間食（ : ）
- 夕食（ : ）

一番よくなかったこと

一番よかったこと

感動・感謝したこと

［自己採点］

体調　/5

メンタル　/5

合計　/10

人間関係の基本は「見ざる・言わざる・聞かざる」

人付き合いは大切ですが、イヤなことを見たり聞いたりすると自律神経が乱れてしまいます。やさしい人、まじめな人ほど、ストレスをためてしまうものです。人間関係の荒波に巻き込まれないためには、有名な日光の三猿になりきり、「見ざる・言わざる・聞かざる」を徹底しましょう。そうすれば、他人の言動に振り回されなくなります。

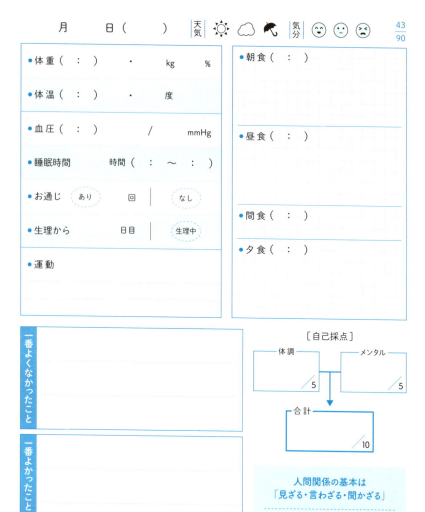

月　日（　）　天気　気分

●体重（　：　）　・　kg　%

●体温（　：　）　・　度

●血圧（　：　）　/　mmHg

●睡眠時間　時間（　：　〜　：　）

●お通じ　あり　回　|　なし

●生理から　日目　|　生理中

●運動

●朝食（　：　）

●昼食（　：　）

●間食（　：　）

●夕食（　：　）

一番よくなかったこと

一番よかったこと

感動・感謝したこと

［自己採点］

体調　/5

メンタル　/5

合計　/10

信用しすぎない、期待しすぎない

人間関係でストレスがたまる原因は、その人に期待しすぎるからです。そもそもアテにしていなければ、期待することもありません。他人は他人、自分は自分、ときっちり線を引きましょう。他人を信用しすぎないことで、自分がやるべきことがはっきり見えてきます。そして起きたことの責任を自分で背負えるようになり、目指す自分像に近づくことができるのです。

月　日（　）　天気　気分

- 体重（　:　）　・　kg　%
- 体温（　:　）　・　度
- 血圧（　:　）　/　mmHg
- 睡眠時間　時間（　:　～　:　）
- お通じ　あり　回｜なし
- 生理から　日目｜生理中
- 運動

- 朝食（　:　）
- 昼食（　:　）
- 間食（　:　）
- 夕食（　:　）

一番よくなかったこと

一番よかったこと

感動・感謝したこと

［自己採点］

体調　／5

メンタル　／5

合計　／10

安請け合いはしない

何かを頼まれたとき、断りきれずに引き受けてしまい、それがストレスになることはありませんか？ 厳しいことを言うようですが、それは自分が引き起こしているストレスです。まずは自分の状況を客観的に見極めて、無理なことは無理、とはっきり言いましょう。断るときに笑顔で「できないです。ごめんなさい！」と伝えれば、相手も気を悪くしないものですよ。

月　日（　）　天気 ☀ ☁ ☂　気分 😊 😐 😣

- 体重（ ： ）　・　kg　%
- 体温（ ： ）　・　度
- 血圧（ ： ）　/　mmHg
- 睡眠時間　時間（ ： 〜 ： ）
- お通じ　あり　回 ｜ なし
- 生理から　日目 ｜ 生理中
- 運動

- 朝食（ ： ）
- 昼食（ ： ）
- 間食（ ： ）
- 夕食（ ： ）

一番よくなかったこと

一番よかったこと

感動・感謝したこと

［自己採点］

体調　/5

メンタル　/5

合計　/10

つまらないプライドは捨てる

よく「私にもプライドがある」「プライドを傷つけられた」という言葉を耳にします。プライドという言葉には、誇りや自尊心という意味がありますが、結局は「他人からどう見られているか」なのです。他人の評価を気にしていては、自分自身が本当に求める人生を歩むことはできません。つまらないプライドなどすぐに捨てて、自分のことは自分で評価するようになるべきです。

月　　日（　　）　天気　　　気分

- 体重（　：　）　・　kg　%
- 体温（　：　）　・　度
- 血圧（　：　）　/　mmHg
- 睡眠時間　時間（　：　～　：　）
- お通じ　あり　回　｜　なし
- 生理から　日目　｜　生理中
- 運動

- 朝食（　：　）
- 昼食（　：　）
- 間食（　：　）
- 夕食（　：　）

一番よくなかったこと

一番よかったこと

感動・感謝したこと

［自己採点］

体調　/5

メンタル　/5

合計　/10

人付き合いを見直し、更新する

現代社会に生きる人は、リアルだけでなくネット上の付き合いを含めると、相当数の人間関係ができていると思います。自分にとって大切な人間関係は、年々変わっていくもの。年に1回、ゆとりのある時期に人付き合いを見直すことをおすすめします。人間関係もバージョンを更新していくことで、今のあなたに必要な縁が自然とうまれてくるでしょう。

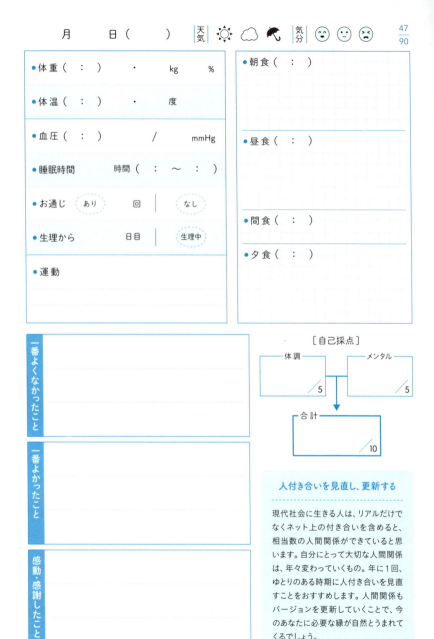

月　　日（　　）　天気　気分

- 体重（　：　）　・　kg　%
- 体温（　：　）　・　度
- 血圧（　：　）　/　mmHg
- 睡眠時間　時間（　：　〜　：　）
- お通じ　あり　回　｜　なし
- 生理から　日目　｜　生理中
- 運動

- 朝食（　：　）
- 昼食（　：　）
- 間食（　：　）
- 夕食（　：　）

一番よくなかったこと

一番よかったこと

感動・感謝したこと

［自己採点］

体調　/5

メンタル　/5

合計　/10

恋愛には自律神経を乱すリスクも

恋愛をすると、人はオーラをまとったかのようにキラキラします。それは、自律神経のトータルパワーがグッとアップするから。いい恋愛は自律神経を高いレベルに引き上げてくれます。しかし、恋人との関係に不安を感じたり、失恋したりすると、感情の浮き沈みとともに、自律神経のバランスも乱れてしまいます。恋愛をするなら、心が落ち着くような関係性を目指しましょう。

月　　日（　　）　天気　　気分

- 体重（　：　）　・　kg　%
- 体温（　：　）　・　度
- 血圧（　：　）　/　mmHg
- 睡眠時間　時間（　：　〜　：　）
- お通じ　あり　回　｜　なし
- 生理から　日目　｜　生理中
- 運動

- 朝食（　：　）
- 昼食（　：　）
- 間食（　：　）
- 夕食（　：　）

一番よくなかったこと

一番よかったこと

感動・感謝したこと

［自己採点］

体調　/5

メンタル　/5

合計　/10

昼寝でパワーチャージする

昼間どうしても眠いときは、眠さを我慢するよりも思い切って寝てしまいましょう。短時間の昼寝は活力を呼び戻すので、アメリカでは昼寝のことを「パワーナップ」というそうです。ただし、夜の睡眠に影響が出ないよう、昼寝の時間は15〜20分ぐらいがおすすめ。効率よく脳と体を回復させることができます。疲れもとれてスッキリするので、ぜひ実践してみてください。

月　日（　）　天気　気分

- 体重（　:　）　・　kg　%
- 体温（　:　）　・　度
- 血圧（　:　）　/　mmHg
- 睡眠時間　時間（　:　～　:　）
- お通じ　あり　回　|　なし
- 生理から　日目　|　生理中
- 運動

- 朝食（　:　）
- 昼食（　:　）
- 間食（　:　）
- 夕食（　:　）

一番よくなかったこと

一番よかったこと

感動・感謝したこと

［自己採点］

体調　/5

メンタル　/5

合計　/10

大切な人へプレゼントをしてみる

誰かにプレゼントを選ぶとき、どんなことを思い浮かべますか？ 喜んでくれる顔を想像したり、どうやって渡そうか考えたりしませんか？ そのとき、あなたは呼吸がゆったりとして副交感神経が高まっています。プレゼントを選ぶという行為は相手のためだけでなく、実は自分自身に「自律神経を整える」というプレゼントをしている行為でもあるのです。

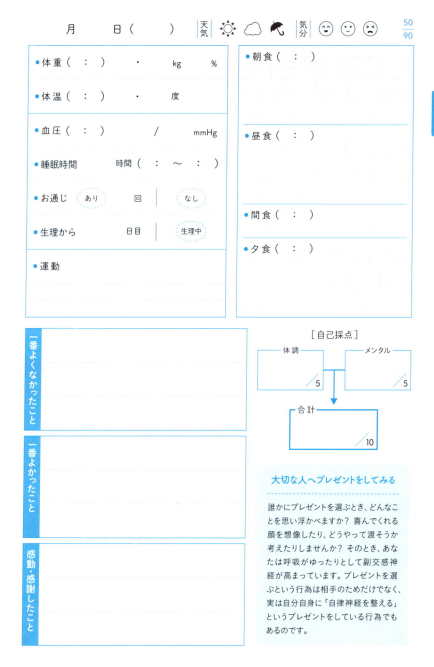

月　　日（　　）　天気　　気分

- 体重（　：　）　・　kg　%
- 体温（　：　）　・　度
- 血圧（　：　）　／　mmHg
- 睡眠時間　　時間（　：　〜　：　）
- お通じ　あり　回｜なし
- 生理から　日目｜生理中
- 運動

- 朝食（　：　）
- 昼食（　：　）
- 間食（　：　）
- 夕食（　：　）

一番よくなかったこと

一番よかったこと

感動・感謝したこと

［自己採点］

体調　／5

メンタル　／5

合計　／10

仕事終わりに机の上を片づける

出社時に机の上が雑然としてる、それだけで自律神経はかき乱されてしまいます。そうならないために、1日の仕事が終わったら、オフィスを出る前に自分の机をきれいに片づけることを習慣化しましょう。翌日も自律神経が整った状態で、気持ちよく仕事を始めることができます。些細なことですが、自律神経を好調にキープするために大切なことです。

月　　日（　　）　天気　気分

- 体重（　:　）　・　kg　%
- 体温（　:　）　・　度
- 血圧（　:　）　/　mmHg
- 睡眠時間　時間（　:　〜　:　）
- お通じ　あり　回 ｜ なし
- 生理から　日目 ｜ 生理中
- 運動

- 朝食（　:　）
- 昼食（　:　）
- 間食（　:　）
- 夕食（　:　）

一番よくなかったこと

一番よかったこと

感動・感謝したこと

［自己採点］

体調　/5

メンタル　/5

合計　/10

座っている時間を短くする

長時間の座りっぱなしは、肥満や糖尿病、がん、心臓病などのリスクを高めることがわかっています。「座っている時間が長い人ほど寿命が短くなる」というデータも報告されています。デスクワーク中心の仕事をしている人は、30〜40分に1回は席を立ちましょう。その辺を歩いたり、軽くストレッチをするだけでも、肩こりや腰痛を防ぐ効果を期待できます。

月　日（　）　天気　気分

- 体重（　:　）　・　kg　%
- 体温（　:　）　・　度
- 血圧（　:　）　/　mmHg
- 睡眠時間　時間（　:　〜　:　）
- お通じ　あり　回　｜　なし
- 生理から　日目　｜　生理中
- 運動

- 朝食（　:　）
- 昼食（　:　）
- 間食（　:　）
- 夕食（　:　）

一番よくなかったこと

一番よかったこと

感動・感謝したこと

［自己採点］

体調　/5

メンタル　/5

合計　/10

寝る前のルーティンをつくる

ベッドに入ってすぐに眠りにつくために、睡眠前のナイトルーティンを決めておきましょう。「就寝1時間前に入浴」→「水分補給」→「3行日記を書く」→「翌日の服装を決める」→「ベッドに入る」など、自分なりのルーティンを毎日実行するのです。同じ行動パターンを繰り返すことで、「もう寝る時間だ」「眠いな」と体が覚えて自然と寝つきがよくなります。

月　日（　）　天気　気分

- 体重（　:　）　・　kg　%
- 体温（　:　）　・　度
- 血圧（　:　）　/　mmHg
- 睡眠時間　時間（　:　〜　:　）
- お通じ　あり　回 ｜ なし
- 生理から　日目 ｜ 生理中
- 運動

- 朝食（　:　）
- 昼食（　:　）
- 間食（　:　）
- 夕食（　:　）

一番よくなかったこと

一番よかったこと

感動・感謝したこと

［自己採点］

体調　/5

メンタル　/5

合計　/10

忙しいときほど「ゆっくり」を意識する

仕事が忙しいときや新生活がスタートしたときは、はりきりすぎてしまうものです。すると、無意識のうちに体に無駄な力が入り、調子が崩れてしまいます。そんなときこそ、意識してゆっくり行動しましょう。とくにおすすめは、ゆっくり歩くこと。ゆっくり歩けば、自律神経が整い、本来の力を発揮しやすくなります。

月　日（　）　天気　気分

- 体重（ : ） ・ kg %
- 体温（ : ） ・ 度
- 血圧（ : ） / mmHg
- 睡眠時間 時間（ : 〜 : ）
- お通じ あり 回 ｜ なし
- 生理から 日目 ｜ 生理中
- 運動

- 朝食（ : ）
- 昼食（ : ）
- 間食（ : ）
- 夕食（ : ）

一番よくなかったこと

一番よかったこと

感動・感謝したこと

［自己採点］

体調 /5

メンタル /5

合計 /10

ミスはその場でメモする

仕事や日常生活で「やってしまった！」と思ったミスは、その場でメモしましょう。書くという行為は自分の心身の状態を鏡のように映し出します。メモすることで、ミスした原因に気づいて頭にしっかりインプットされ、考え方や行動を変えるのに役立ちます。日々のちょっとしたミスや失敗をなくしていくことは、心身のコンディションを整えるのにとても大切です。

月　日（　）　天気　気分

- 体重（　：　）　・　kg　%
- 体温（　：　）　・　度
- 血圧（　：　）　/　mmHg
- 睡眠時間　時間（　：　～　：　）
- お通じ　あり　回｜なし
- 生理から　日目｜生理中
- 運動

- 朝食（　：　）
- 昼食（　：　）
- 間食（　：　）
- 夕食（　：　）

一番よくなかったこと

一番よかったこと

感動・感謝したこと

［自己採点］

体調　/5

メンタル　/5

合計　/10

ため息をついても幸せは逃げない

「ハァ～ッ」とため息をついてみてください。ゆっくり長く息を吐きますよね。長く息を吐くと血流がよくなり、体じゅうに酸素が行き渡り、頭がシャキッとします。また、こわばっていた筋肉もゆるんで、副交感神経が刺激されます。「ため息をつくと幸せが逃げる」というのは、科学的根拠がないまったくの迷信。疲れたときは、大きくため息をついてみましょう。

月　日（　）　天気　気分

- 体重（　:　）　.　kg　%
- 体温（　:　）　.　度
- 血圧（　:　）　/　mmHg
- 睡眠時間　時間（　:　〜　:　）
- お通じ　あり　回 ｜ なし
- 生理から　日目 ｜ 生理中
- 運動

- 朝食（　:　）
- 昼食（　:　）
- 間食（　:　）
- 夕食（　:　）

一番よくなかったこと

一番よかったこと

感動・感謝したこと

［自己採点］

体調　/5

メンタル　/5

合計　/10

疲れたときはロックを聴く

癒やし系の音楽＝ヒーリングミュージックという印象があるでしょう。実はヒーリング音楽は、心は落ち着きますが、自律神経を整えるのにはあまり向いていません。疲れをとるのに向いている音楽は、実はロックなのです。心身の疲れをとるには、規則的なリズムと音階の変化が少ない音楽が適しています。疲れたときにこそ、体の底にリズムが響くようなロックを聴きましょう。

月　　日（　　）　天気　気分

- 体重（　：　）　・　kg　%
- 体温（　：　）　・　度
- 血圧（　：　）　/　mmHg
- 睡眠時間　時間（　：　〜　：　）
- お通じ　あり　回　｜　なし
- 生理から　日目　｜　生理中
- 運動

- 朝食（　：　）
- 昼食（　：　）
- 間食（　：　）
- 夕食（　：　）

一番よくなかったこと

一番よかったこと

感動・感謝したこと

［自己採点］

体調　/5

メンタル　/5

合計　/10

1日30分は自分の好きなことに没頭する

日々の生活にメリハリをつけ、リズミカルに過ごすためには、自分が好きなことをする時間をつくることが大切です。ペットと遊ぶ時間、ゲームをする時間、イラストを描く時間……本来の自分に立ち返ることができれば、なんでもOK。少なくとも1日30分、好きなことに没頭すると脳がリフレッシュされ、心身のコンディションも安定します。

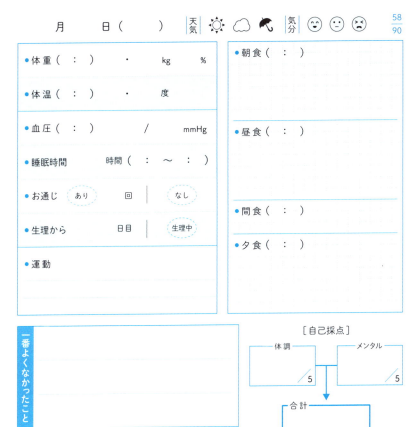

月　日（　）　天気　気分

- 体重（　：　）　・　kg　%
- 体温（　：　）　・　度
- 血圧（　：　）　/　mmHg
- 睡眠時間　時間（　：　～　：　）
- お通じ　あり　回 ｜ なし
- 生理から　日目 ｜ 生理中
- 運動

- 朝食（　：　）
- 昼食（　：　）
- 間食（　：　）
- 夕食（　：　）

一番よくなかったこと

一番よかったこと

感動・感謝したこと

［自己採点］

体調　/5

メンタル　/5

合計　/10

集中力が出ないときは近所の神社へ行ってみる

忙しすぎててんてこまいになっていたり、やるべきことに集中できずに気が散ってしまったりすること、ありますよね。そんな「注意力散漫モード」のときは、近所の神社に行ってみましょう。神社は静かで緑が多い場所です。シーンと静まり返った境内で木々を見上げると、精神が研ぎ澄まされ、集中するエネルギーが湧いてきます。

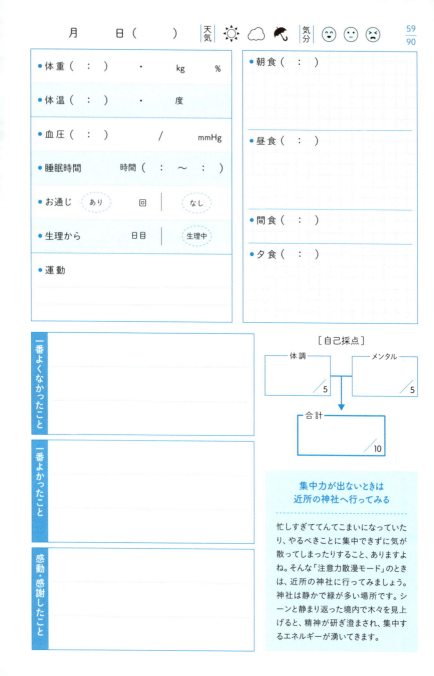

月　　日（　　）　天気　　気分

60/90

- 体重（　：　）　・　kg　%
- 体温（　：　）　・　度
- 血圧（　：　）　/　mmHg
- 睡眠時間　時間（　：　～　：　）
- お通じ　あり　回　｜　なし
- 生理から　日目　｜　生理中
- 運動

- 朝食（　：　）
- 昼食（　：　）
- 間食（　：　）
- 夕食（　：　）

一番よくなかったこと

一番よかったこと

感動・感謝したこと

［自己採点］

体調　/5

メンタル　/5

合計　/10

体を動かして悩みをまぎらわす

悩みが頭から離れないとき、自律神経のバランスは乱れています。悩みごとはすばやく解決するのが一番ですが、そうもいかないときは、とにかく体を動かしましょう。人間という生き物は、動いているときには悩まないようにできています。ジョギングをしたり、凝った料理を作ったり、ショッピングに出かけたり、体を動かして、悩みが頭から離れる時間を確保しましょう。

31〜60日のまとめ

自律神経を整えるコツが
だんだんつかめてきたのではないでしょうか?
1ヵ月間を振り返って感想を書き込みましょう。

2ヵ月目の目標は達成できましたか?

□ YES　□ NO

よかったこと

よくなかったこと

61～90日

3カ月目

今月の目標

月　　日（　　）　天気　　気分

● 体重（　：　）　・　kg　%

● 体温（　：　）　・　度

● 血圧（　：　）　/　mmHg

● 睡眠時間　時間（　：　〜　：　）

● お通じ　あり　回 ｜ なし

● 生理から　日目 ｜ 生理中

● 運動

● 朝食（　：　）

● 昼食（　：　）

● 間食（　：　）

● 夕食（　：　）

一番よくなかったこと

一番よかったこと

感動・感謝したこと

［自己採点］

体調　/5

メンタル　/5

合計　/10

「なんとかなる」を口ぐせに

まじめな人ほど、悩みごとがあると深刻になってしまいがちです。自分でコントロールできないことで悩むのは、はっきり言って時間の無駄。悩んでも仕方ありません。悩みをこじらせてしまいがちな人は「なんとかなるさ」「ケ・セラ・セラ（なるようになる）」「レット・イット・ビー（なるがままに）」といった言葉をおまじないのようにつぶやいてみましょう。

月　日（　）　天気　気分

- 体重（ : ）　・　kg　%
- 体温（ : ）　・　度
- 血圧（ : ）　/　mmHg
- 睡眠時間　時間（ : 〜 : ）
- お通じ　あり　回 ｜ なし
- 生理から　日目 ｜ 生理中
- 運動

- 朝食（ : ）
- 昼食（ : ）
- 間食（ : ）
- 夕食（ : ）

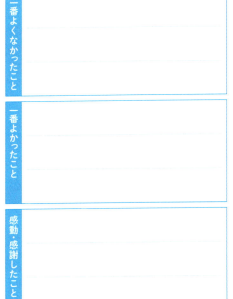

一番よくなかったこと

一番よかったこと

感動・感謝したこと

［自己採点］

体調　/5

メンタル　/5

合計　/10

渋滞は自律神経を乱す

ゴールデンウィークやお盆休みに車で出かけると、高速道路で大渋滞することがあります。渋滞にはまるとイライラして交感神経の働きが活発になります。長時間ともなると、交感神経は上がりっぱなしで、自律神経のバランスが乱れてしまうのです。そうならないために、車で出かけるときは渋滞になるべくはまらないようなスケジュールを立てましょう。

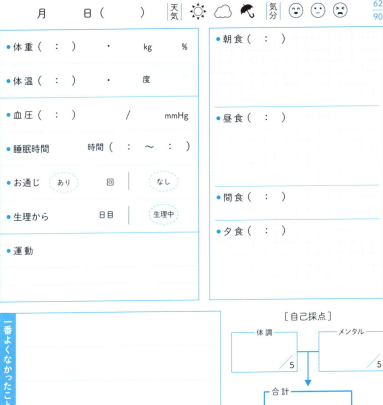

月　日（　）　天気　気分

- 体重（ : ）　・　kg　%
- 体温（ : ）　・　度
- 血圧（ : ）　/　mmHg
- 睡眠時間　時間（ : 〜 : ）
- お通じ　あり　回 | なし
- 生理から　日目 | 生理中
- 運動

- 朝食（ : ）
- 昼食（ : ）
- 間食（ : ）
- 夕食（ : ）

一番よくなかったこと

一番よかったこと

感動・感謝したこと

［自己採点］

体調　/5

メンタル　/5

合計　/10

つくり笑いでもいいから笑顔になる

笑うと脳からセロトニンという幸せ物質が分泌されることが、医学的に証明されています。さらに、口角をしっかり上げた笑顔は、表情筋の動きが脳を刺激するため、副交感神経の働きが活発になるのです。自然な笑いだけでなく、つくり笑いでも同様の効果が得られます。気分が落ち込んだり、緊張が高まったときは、口角を上げて笑顔になってみましょう。

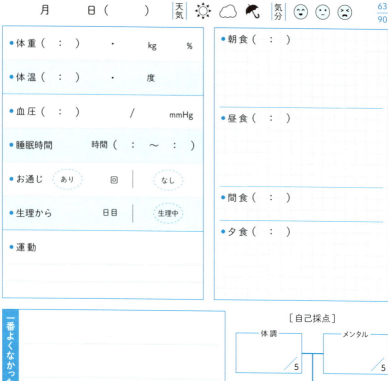

月　　日（　　）　天気　気分

- 体重（　：　）　・　kg　%
- 体温（　：　）　・　度
- 血圧（　：　）　/　mmHg
- 睡眠時間　時間（　：　～　：　）
- お通じ　あり　回　｜　なし
- 生理から　日目　｜　生理中
- 運動

- 朝食（　：　）
- 昼食（　：　）
- 間食（　：　）
- 夕食（　：　）

一番よくなかったこと

一番よかったこと

感動・感謝したこと

［自己採点］

体調	メンタル	合計
/5	/5	/10

1日1カ所、小さな片づけをする

片づけをすると気持ちがすっきりしますよね。これは自律神経が安定している証拠。「今日は一番上の引き出し」「明日は棚の上」というように、毎日1ヵ所だけでいいので、自律神経の乱れを整えるイメージで片づけをしてみましょう。どうせなら一気に片づけてしまおうと思うかもしれませんが、そこはぐっとガマン。1ヵ所ずつでいいので、毎日続けることが大切です。

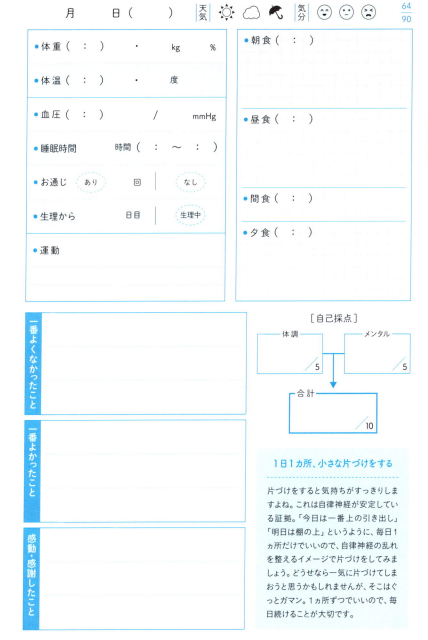

月　日（　）　天気　気分

- 体重（ : ）　・　kg　%
- 体温（ : ）　・　度
- 血圧（ : ）　/　mmHg
- 睡眠時間　時間（ : 〜 : ）
- お通じ　あり　回 ｜ なし
- 生理から　日目 ｜ 生理中
- 運動

- 朝食（ : ）
- 昼食（ : ）
- 間食（ : ）
- 夕食（ : ）

一番よくなかったこと

一番よかったこと

感動・感謝したこと

［自己採点］

体調 /5

メンタル /5

合計 /10

イライラしたら、手首をトントンと軽くたたく

イライラや緊張を感じたら、手首（甲側）を反対の手の人差し指と中指の2本で軽くトントンとたたいてみてください。規則的な刺激を送ると副交感神経が高まり、イライラや緊張を取り除くことができます。皮膚に触れるか触れないかくらいの軽い力でトントンとたたくのがコツ。気持ちを落ち着かせるおまじないとして行いましょう。

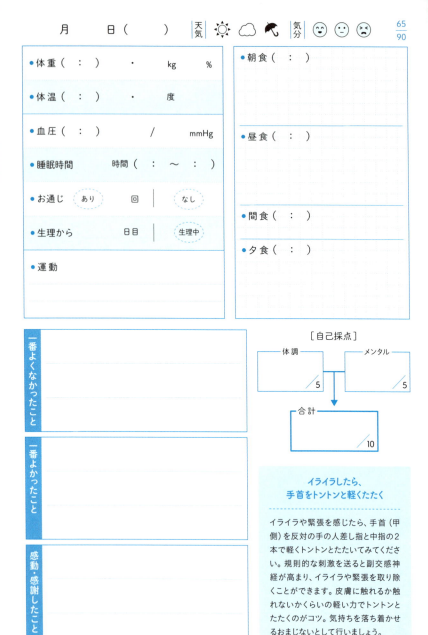

月　日（　）　天気　気分

- 体重（　:　）　.　kg　%
- 体温（　:　）　.　度
- 血圧（　:　）　/　mmHg
- 睡眠時間　時間（　:　〜　:　）
- お通じ　あり　回 ｜ なし
- 生理から　日目 ｜ 生理中
- 運動

- 朝食（　:　）
- 昼食（　:　）
- 間食（　:　）
- 夕食（　:　）

一番よくなかったこと

一番よかったこと

感動・感謝したこと

［自己採点］

体調　/5

メンタル　/5

合計　/10

夏になる前にしっかり汗をかく

夏バテ防止におすすめなのが「暑熱順化（しょねつじゅんか）」。暑熱順化とは、体を動かしてしっかり汗をかき、夏の暑さに耐えられる体をつくることです。できれば6月中に2週間の「汗かき週間」をつくってください。ウォーキングやジョギング、簡単な筋トレなど、無理なく気軽にできる運動を選びましょう。運動が難しい場合は、サウナで汗をかいてもいいでしょう。

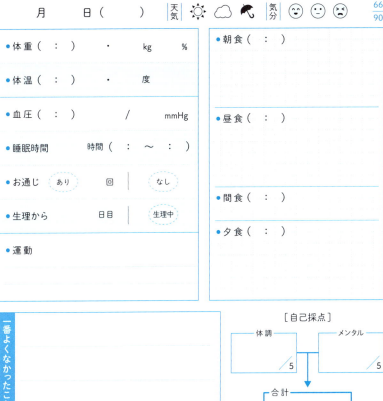

月　日（　）　天気　気分

- 体重（ : ）　・　kg　%
- 体温（ : ）　・　度
- 血圧（ : ）　/　mmHg
- 睡眠時間　時間（ : ～ : ）
- お通じ　あり　回｜なし
- 生理から　日目｜生理中
- 運動

- 朝食（ : ）
- 昼食（ : ）
- 間食（ : ）
- 夕食（ : ）

一番よくなかったこと

一番よかったこと

感動・感謝したこと

［自己採点］

体調　/5

メンタル　/5

合計　/10

長期休暇の予定は早めに決める

ゴールデンウィークや夏休みなどの長期の休暇は、自分が歩んできた道を振り返って軌道修正するチャンスです。趣味に没頭してもよし、転職の準備をしてもよし。今の自分をよりよく発展させるためには何が必要かを考え、休暇の予定に組み込みましょう。直前にバタバタしないよう、少なくとも2ヵ月前には予定を組み始め、余裕をもって長期休暇を迎えましょう。

月　日（　）　天気　気分

- 体重（ : ）　・　kg　%
- 体温（ : ）　・　度
- 血圧（ : ）　/　mmHg
- 睡眠時間　時間（ : 〜 : ）
- お通じ　あり　回｜なし
- 生理から　日目｜生理中
- 運動

- 朝食（ : ）
- 昼食（ : ）
- 間食（ : ）
- 夕食（ : ）

一番よくなかったこと

一番よかったこと

感動・感謝したこと

［自己採点］

体調　/5

メンタル　/5

合計　/10

仮眠する前にミルクティーを飲む

どうしても眠いときは仮眠をとると、そのあとの仕事の効率がアップします。ただし、夜の眠りにひびかないよう15〜20分くらいにとどめておくこと。また、仮眠をする前にミルクティーを飲むと、寝つきが早くなり、目覚めもよくなります。ミルクに含まれるトリプトファンが入眠を、紅茶に含まれるカフェインが覚醒をサポートしてくれるのです。

月　日（　）　天気　気分

- 体重（ : ）　・　kg　%
- 体温（ : ）　・　度
- 血圧（ : ）　/　mmHg
- 睡眠時間　時間（ : 〜 : ）
- お通じ　あり　回 | なし
- 生理から　日目 | 生理中
- 運動

- 朝食（ : ）
- 昼食（ : ）
- 間食（ : ）
- 夕食（ : ）

一番よくなかったこと

一番よかったこと

感動・感謝したこと

［自己採点］

体調　/5

メンタル　/5

合計　/10

自分を見失いそうになったら空を見上げる

仕事や人間関係に疲れ果て、ストレスがマックスになったときは、空を見上げましょう。果てしなく広がる空を見ると、呼吸が整い、心と体の力みがとれるのを感じることができます。空を見上げるのは、試験や試合、大事なプレゼンの前などにもおすすめです。心に余裕が出るので、いつもどおりの実力を発揮することができます。

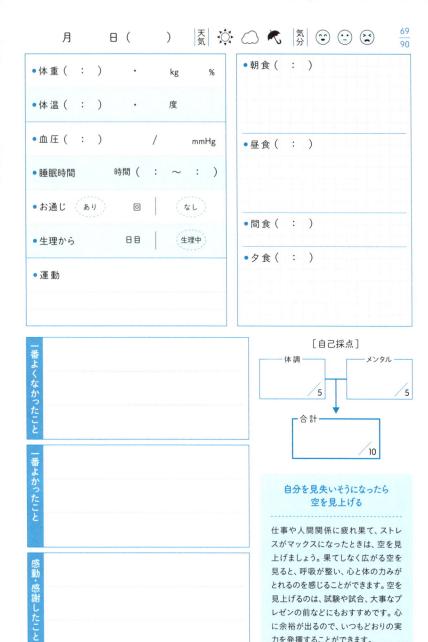

月　日（　）　天気　気分

- 体重（ : ）　・　kg　%
- 体温（ : ）　・　度
- 血圧（ : ）　/　mmHg
- 睡眠時間　時間（ : 〜 : ）
- お通じ　あり　回　｜　なし
- 生理から　日目　｜　生理中
- 運動

- 朝食（ : ）
- 昼食（ : ）
- 間食（ : ）
- 夕食（ : ）

一番よくなかったこと

一番よかったこと

感動・感謝したこと

［自己採点］

体調　/5

メンタル　/5

合計　/10

天気がいい日は ひなたぼっこをする

あたたかい日は、家のベランダや近所の公園でひなたぼっこをしましょう。日差しを浴びて深呼吸をすると体じゅうの細胞がいきいきとし、心も体もリフレッシュできます。また、スマホで写真を撮りながら、近所をのんびり散策するのもおすすめです。心ときめく光景を写真に収めることは、自律神経を整えるのに大いに役立つでしょう。

月　日（　）　天気　気分

- 体重（ : ）　・　kg　%
- 体温（ : ）　・　度
- 血圧（ : ）　/　mmHg
- 睡眠時間　時間（ : 〜 : ）
- お通じ　あり　回 ｜ なし
- 生理から　日目 ｜ 生理中
- 運動

- 朝食（ : ）
- 昼食（ : ）
- 間食（ : ）
- 夕食（ : ）

一番よくなかったこと

一番よかったこと

感動・感謝したこと

［自己採点］

体調　/5

メンタル　/5

合計　/10

背筋を伸ばして歩く

正しい姿勢で歩いていれば歩行の質が高まり、運動量がアップします。理想的な歩き方のポイントは6つ。①頭の中心が空につながっているイメージを持つ ②首をまっすぐ伸ばす ③肩の力をぬく ④背筋を伸ばす ⑤おへそから前に出るつもりで踏み出す ⑥ゆっくりとリズミカルに歩く。よい歩行姿勢を身につけることで、自律神経も整っていきます。

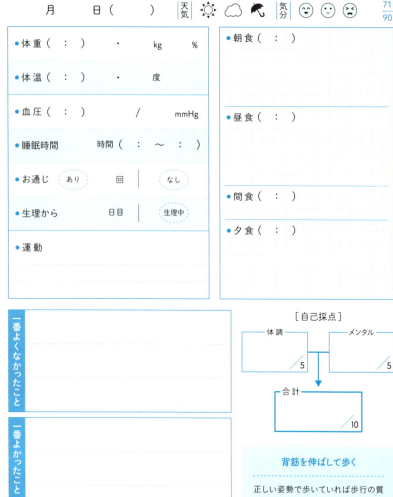

月　　日（　　）　天気　気分

- 体重（　：　）　・　kg　%
- 体温（　：　）　・　度
- 血圧（　：　）　/　mmHg
- 睡眠時間　時間（　：　～　：　）
- お通じ　あり　回　｜　なし
- 生理から　日目　｜　生理中
- 運動

- 朝食（　：　）
- 昼食（　：　）
- 間食（　：　）
- 夕食（　：　）

一番よくなかったこと

一番よかったこと

感動・感謝したこと

［自己採点］

体調　/5

メンタル　/5

合計　/10

1日15分ぼんやりタイムをつくる

忙しすぎる現代社会、私たちの脳は働きすぎています。脳のコンディションを整えるためには、ぼーっとする時間が必要不可欠です。1日に15分、何もしないぼんやりタイムをつくりましょう。ぼんやりタイムに、テレビやスマホ、パソコンを見てはいけません。外の景色や空、家の中なら天井を見て、ただただぼんやりすることで脳の「充電」ができますよ。

月　日（　）　天気　気分

- 体重（ : ）　・　kg　%
- 体温（ : ）　・　度
- 血圧（ : ）　/　mmHg
- 睡眠時間　時間（ : 〜 : ）
- お通じ　あり　回　｜　なし
- 生理から　日目　｜　生理中
- 運動

- 朝食（ : ）
- 昼食（ : ）
- 間食（ : ）
- 夕食（ : ）

一番よくなかったこと

一番よかったこと

感動・感謝したこと

［自己採点］

体調　/5

メンタル　/5

合計　/10

睡眠は最初の1時間半が大事

眠りに落ちるとすぐに「深い睡眠」がおとずれ、１時間半続きます。これが、脳と体の疲れをリセットするのに重要な働きをしています。最初の1時間半をぐっすり眠ることができれば、残りの時間の眠りが浅くても、大きな問題はありません。寝つきやすいように、暑さや寒さへの対策は大切ですが、一晩中エアコンをつけっぱなしにしないよう注意しましょう。

月　日（　）　天気　気分

- 体重（　：　）　・　kg　%
- 体温（　：　）　・　度
- 血圧（　：　）　/　mmHg
- 睡眠時間　時間（　：　〜　：　）
- お通じ　あり　回　｜　なし
- 生理から　日目　｜　生理中
- 運動

- 朝食（　：　）
- 昼食（　：　）
- 間食（　：　）
- 夕食（　：　）

一番よくなかったこと

一番よかったこと

感動・感謝したこと

［自己採点］

体調　/5

メンタル　/5

合計　/10

寝る前と起きたあとにグーパー

血行は自律神経によって調整されています。そのため、自律神経が乱れると血行不良となり、体が冷えてしまいます。血行促進のためにおすすめなのは、ふとんの上でできる「グーパー体操」です。やり方はとても簡単。就寝前と起床後、ふとんの上で仰向けになって腕と足を上げ、グーパーを10〜20回ぐらい繰り返すだけで血流が改善し、ぐっすり眠れ、目覚めもよくなります。

月　日（　）　天気　気分

- 体重（　:　）　.　kg　%
- 体温（　:　）　.　度
- 血圧（　:　）　/　mmHg
- 睡眠時間　時間（　:　〜　:　）
- お通じ　あり　回　｜　なし
- 生理から　日目　｜　生理中
- 運動

- 朝食（　:　）
- 昼食（　:　）
- 間食（　:　）
- 夕食（　:　）

一番よくなかったこと

一番よかったこと

感動・感謝したこと

［自己採点］

体調　/5

メンタル　/5

合計　/10

冷房の効きすぎた部屋に長居は禁物

夏場、エアコンをガンガン効かせた部屋に長居するのは避けましょう。夏の気温が高いことを自律神経は知っているので、室温が低い部屋に長くいると、自律神経が混乱してしまいます。短時間なら問題ありませんが、何時間も居続けると自律神経が司るさまざまな調節機能がうまく働かなくなり、いわゆる冷房病の症状があらわれたり、夏バテしやすくなります。

月　日（　）　天気　気分

- 体重（ : ）　・　kg　%
- 体温（ : ）　・　度
- 血圧（ : ）　/　mmHg
- 睡眠時間　時間（ : 〜 : ）
- お通じ　あり　回　なし
- 生理から　日目　生理中
- 運動

- 朝食（ : ）
- 昼食（ : ）
- 間食（ : ）
- 夕食（ : ）

一番よくなかったこと

一番よかったこと

感動・感謝したこと

［自己採点］

体調　/5

メンタル　/5

合計　/10

日焼けは自律神経の敵

夏の紫外線は日焼けやシミなどの原因になるだけでなく、自律神経にも悪影響を及ぼします。日焼けは簡単にいうと、肌が軽くヤケドをして炎症を起こしている状態。体のあちこちに炎症が起こると、全身に張り巡らされている自律神経が大混乱に陥ります。日焼けをしすぎると、自律神経のバランスが崩れ、激しい疲労感に襲われたりするので注意しましょう。

月　　日（　　）　天気　気分

- 体重（　：　）　・　kg　%
- 体温（　：　）　・　度
- 血圧（　：　）　/　mmHg
- 睡眠時間　時間（　：　〜　：　）
- お通じ　あり　回　｜　なし
- 生理から　日目　｜　生理中
- 運動

- 朝食（　：　）
- 昼食（　：　）
- 間食（　：　）
- 夕食（　：　）

一番よくなかったこと

一番よかったこと

感動・感謝したこと

［自己採点］

体調　/5

メンタル　/5

合計　/10

気温が体温を超える日はがんばりすぎない

近年、夏になると35℃を超える猛暑日が続きます。人の平熱（36℃前後）を超えるような気温の日は体がまいってしまいます。猛暑日が続く天気予報が出たら、その期間は仕事も家事もがんばりすぎず、暑さがやわらいだら気合いを入れて動くことにしましょう。そうすれば、自律神経のコンディションを良好にキープできます。

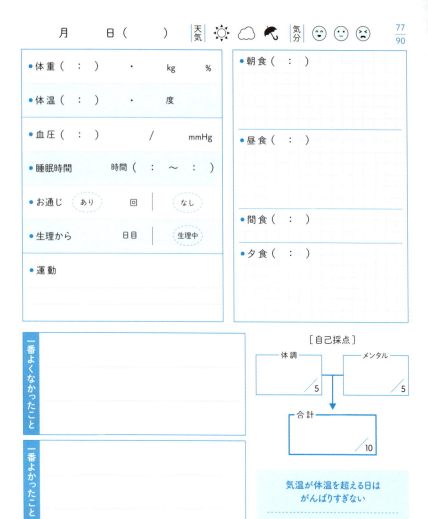

月　　日（　　）　天気　気分

- 体重（　：　）　・　kg　%
- 体温（　：　）　・　度
- 血圧（　：　）　/　mmHg
- 睡眠時間　時間（　：　〜　：　）
- お通じ　あり　回　｜　なし
- 生理から　日目　｜　生理中
- 運動

- 朝食（　：　）
- 昼食（　：　）
- 間食（　：　）
- 夕食（　：　）

一番よくなかったこと

一番よかったこと

感動・感謝したこと

［自己採点］

体調　/5

メンタル　/5

合計　/10

冷えやすい人は、首元をあたためる

冷え性の人は、首元をあたためると自律神経のコンディションが整います。首は、太い血管や神経が集中している場所。首の血管が冷えると、全身の血管が収縮し、血行が一気に悪くなってしまうため、全身が冷えてしまうことに……。冬はマフラーを巻いたり、貼るカイロを利用して首回りをガード。夏場も冷房があるので油断しないで、ストールやスカーフを巻きましょう。

月　日（　）　天気　気分

- 体重（　:　）　.　kg　%
- 体温（　:　）　.　度
- 血圧（　:　）　/　mmHg
- 睡眠時間　時間（　:　〜　:　）
- お通じ　あり　回 ｜ なし
- 生理から　日目 ｜ 生理中
- 運動

- 朝食（　:　）
- 昼食（　:　）
- 間食（　:　）
- 夕食（　:　）

一番よくなかったこと

一番よかったこと

感動・感謝したこと

［自己採点］

体調　/5

メンタル　/5

合計　/10

自分の排便リズムを把握する

便秘で悩んでいる人も多いと思いますが、数日間お通じがなくても、排便の間隔やリズムには個人差があるので、あまり気にしなくて大丈夫。もちろん、毎日バナナ状の排便があるのがベストですが、2〜3日に1回でも残便感がなければOKです。間隔があいたとしても、腸のよけいなものがすっきり出ているのであれば、それがその人の快便リズムなのです。

月　　日（　　）　天気 ☀ ☁ ☂　気分 ☺ 😐 😣

- 体重（　：　）　・　kg　%
- 体温（　：　）　・　度
- 血圧（　：　）　/　mmHg
- 睡眠時間　時間（　：　～　：　）
- お通じ　あり　回｜なし
- 生理から　日目｜生理中
- 運動

- 朝食（　：　）
- 昼食（　：　）
- 間食（　：　）
- 夕食（　：　）

一番よくなかったこと

一番よかったこと

感動・感謝したこと

［自己採点］

体調　／5

メンタル　／5

合計　／10

パジャマや部屋着を ゆったりサイズに

家でのリラックスタイムに身につけるウェアや下着は、できるだけゆったりしたものを選びましょう。さらに肌触りがよく、吸湿性がいいものがおすすめ。着ごこちを重視してください。反対にきついゴムが入ったもの、締めつけるレギンス、伸縮性のないウェアは、心身にストレスがかかるので、なるべく避けてください。

月　日（　）　天気　気分

- 体重（　：　）　・　kg　%
- 体温（　：　）　・　度
- 血圧（　：　）　/　mmHg
- 睡眠時間　時間（　：　〜　：　）
- お通じ　あり　回 ｜ なし
- 生理から　日目 ｜ 生理中
- 運動

- 朝食（　：　）
- 昼食（　：　）
- 間食（　：　）
- 夕食（　：　）

一番よくなかったこと

一番よかったこと

感動・感謝したこと

［自己採点］

体調　/5

メンタル　/5

合計　/10

週に1日、「睡眠の日」をつくる

睡眠不足が積み重なることを「睡眠負債」といい、自律神経のバランスが崩れたり、不調や病気を招いたりします。負債はたまりすぎないよう、早めにこまめに返済することが大切です。そのために、週に1日、あえて平日に早寝して、睡眠をしっかりとる「眠りの日」を設けることをおすすめします。仕事を早めに切り上げ、テレビやスマホもダラダラ見ずに、ぐっすり眠りましょう。

月　日（　）　天気　気分

- 体重（ : ） ・ kg %
- 体温（ : ） ・ 度
- 血圧（ : ） / mmHg
- 睡眠時間 時間（ : ～ : ）
- お通じ あり 回 | なし
- 生理から 日目 | 生理中
- 運動

- 朝食（ : ）
- 昼食（ : ）
- 間食（ : ）
- 夕食（ : ）

一番よくなかったこと

一番よかったこと

感動・感謝したこと

［自己採点］

体調 /5

メンタル /5

合計 /10

大笑いをする

爆笑したら気分が晴れたという経験をしたことがあるでしょう。笑いは、心の健康をキープするのに必要不可欠なのです。大笑いをすると呼吸が深くなり、大量の酸素が脳に送り込まれるので頭がすっきりします。また、ストレスホルモンであるコルチゾールが減少することが証明されています。お笑い番組を見たり、友達とバカ話をしたりして声を出して笑いましょう。

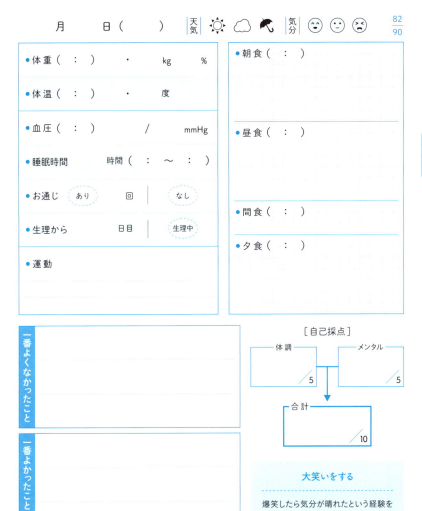

月　日（　）　天気　気分

●体重（　:　）　・　kg　%

●体温（　:　）　・　度

●血圧（　:　）　/　mmHg

●睡眠時間　時間（　:　～　:　）

●お通じ　あり　回 | なし

●生理から　日目 | 生理中

●運動

●朝食（　:　）

●昼食（　:　）

●間食（　:　）

●夕食（　:　）

一番よくなかったこと

一番よかったこと

感動・感謝したこと

［自己採点］

体調　/5

メンタル　/5

合計　/10

リズム運動でセロトニンアップ！

脳内物質のセロトニンは、心を安定させるのに重要な役割を果たしています。セロトニンの分泌レベルを引き上げるのに有効といわれているのが、一定のリズムを繰り返し刻む運動です。その代表がウォーキング。20〜30分、息切れしない程度の速さでテンポよく歩くことが大切です。また、モグモグとよく噛んで食べたり、サッサッとリズミカルに拭き掃除をするのも効果があります。

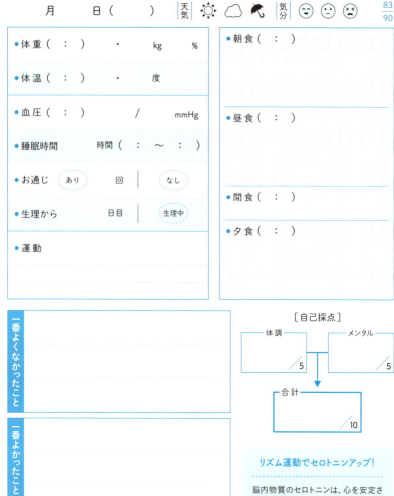

月　　　日（　　　）　天気　　　気分

- 体重（　：　）　・　kg　%
- 体温（　：　）　・　度
- 血圧（　：　）　/　mmHg
- 睡眠時間　時間（　：　〜　：　）
- お通じ　あり　回 ｜ なし
- 生理から　日目 ｜ 生理中
- 運動

- 朝食（　：　）
- 昼食（　：　）
- 間食（　：　）
- 夕食（　：　）

一番よくなかったこと

一番よかったこと

感動・感謝したこと

［自己採点］

体調　/5

メンタル　/5

合計　/10

約束の時間の10分前到着が自律神経に余裕をもたらす

「時間がない！」と感じるストレスは、自律神経の大敵です。「間に合わないかも！ どうしよう！」という焦りモードで、心身ともに落ち着きを失います。そうならないために、どんなときでも10分前に到着することを習慣づけましょう。そうすると、心に余裕が生まれ、自律神経を日々整えることにつながっていくのです。

月　日（　）　天気　気分

- 体重（ : ）　・　kg　%
- 体温（ : ）　・　度
- 血圧（ : ）　/　mmHg
- 睡眠時間　時間（ : ～ : ）
- お通じ　あり　回 | なし
- 生理から　日目 | 生理中
- 運動

- 朝食（ : ）
- 昼食（ : ）
- 間食（ : ）
- 夕食（ : ）

一番よくなかったこと

一番よかったこと

感動・感謝したこと

［自己採点］

体調　/5

メンタル　/5

合計　/10

部屋に緑のある空間をつくる

緑色には心を落ち着かせるパワーがあり、自律神経を整えるのに役立ちます。休日、緑いっぱいの自然のなかに身を投じるのもよいですが、手っ取り早いのは、部屋に観葉植物などを置くことです。いつでも緑が目に入る環境にいれば、心身の緊張がほぐれます。土ものを部屋に置きたくない場合は、土の代わりにハイドロカルチャーを使った植物もありますよ。

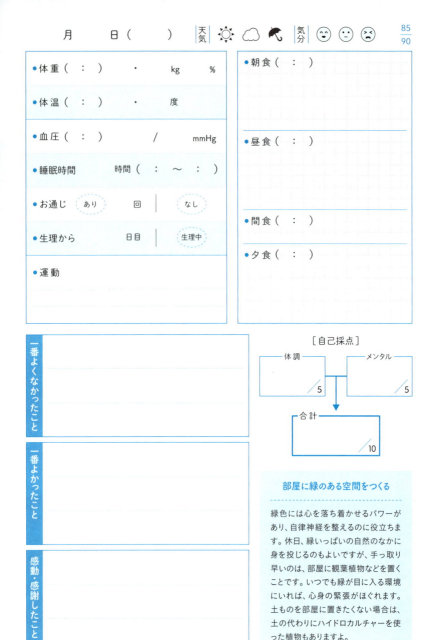

月　　日（　　）　天気　気分

- 体重（　：　）　・　kg　%
- 体温（　：　）　・　度
- 血圧（　：　）　/　mmHg
- 睡眠時間　時間（　：　～　：　）
- お通じ　あり　回 ｜ なし
- 生理から　日目 ｜ 生理中
- 運動

- 朝食（　：　）
- 昼食（　：　）
- 間食（　：　）
- 夕食（　：　）

一番よくなかったこと

一番よかったこと

感動・感謝したこと

［自己採点］

体調　/5

メンタル　/5

合計　/10

美術館は最高のパワースポット

休日は、美術館や博物館で文化や芸術に触れましょう。作品や展示品から刺激を受けることで感性が磨かれ、新しいアイデアが浮かんだり、活力が湧いてきます。また、美術館や博物館のような天井が高く静かな空間に身を投じ、展示品に集中するという行為は、自律神経をトータルに引き上げることができるのです。美術館や博物館は、最高のパワースポットといえるでしょう。

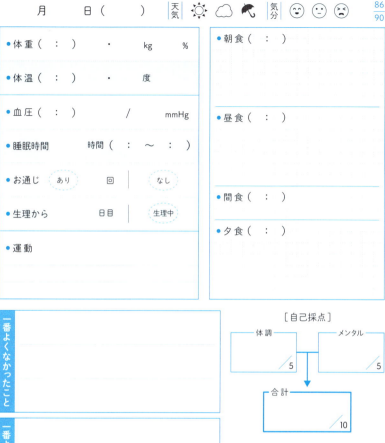

月　　日（　　）　天気　気分

- 体重（　:　）　・　kg　%
- 体温（　:　）　・　度
- 血圧（　:　）　/　mmHg
- 睡眠時間　時間（　:　〜　:　）
- お通じ　あり　回　｜　なし
- 生理から　日目　｜　生理中
- 運動

- 朝食（　:　）
- 昼食（　:　）
- 間食（　:　）
- 夕食（　:　）

一番よくなかったこと

一番よかったこと

感動・感謝したこと

［自己採点］

体調	メンタル	合計
/5	/5	/10

怒りが爆発しそうになったときは黙る

怒りの感情は、交感神経を過剰に働かせます。誰かを怒ってしまったら、嫌な気持ちが続き、その間も交感神経の興奮はおさまりません。怒りたくなったら、爆発させないように「黙るクセ」をつけましょう。自分を客観視して「私、怒りそうだな、じゃあ黙っておこう」と意識するだけで、怒りの感情の半分はおさまっているでしょう。

月　日（　）　天気　気分

- 体重（　:　）　・　kg　%
- 体温（　:　）　・　度
- 血圧（　:　）　/　mmHg
- 睡眠時間　時間（　:　～　:　）
- お通じ　あり　回 | なし
- 生理から　日目 | 生理中
- 運動

- 朝食（　:　）
- 昼食（　:　）
- 間食（　:　）
- 夕食（　:　）

一番よくなかったこと

一番よかったこと

感動・感謝したこと

［自己採点］

体調　/5

メンタル　/5

合計　/10

緑の香りが疲れを癒やす

緑に囲まれた場所に行くと、気分がすっきりした経験はありませんか？ 草木の放つ青々とした香りに含まれる「青葉アルコール」「青葉アルデヒド」といった香り成分には、脳の奥底を刺激して、疲れを癒やしてくれる効果があるのです。ストレスや疲れを感じたら、意識して緑の多い場所に行き、深呼吸をして緑の香りを胸いっぱい吸い込みましょう。

月　日（　）　天気　気分

- 体重（ : ）　・　kg　%
- 体温（ : ）　・　度
- 血圧（ : ）　/　mmHg
- 睡眠時間　時間（ : 〜 : ）
- お通じ　あり　回 ｜ なし
- 生理から　日目 ｜ 生理中
- 運動

- 朝食（ : ）
- 昼食（ : ）
- 間食（ : ）
- 夕食（ : ）

一番よくなかったこと

一番よかったこと

感動・感謝したこと

［自己採点］

体調 /5　メンタル /5

合計 /10

食前にコップ1杯の水を飲む

よい食習慣を身につけると、健康に好影響をもたらします。おすすめは、食前にコップ1杯の水を飲むこと。副交感神経が刺激されて胃腸の働きがよくなりますし、胃がふくらむので、食べすぎを防ぐことができます。また、現代人の食物繊維摂取量は明らかに不足しています。毎食の定番メニューに、必ず食物繊維豊富な1品と発酵食品を食べることも心がけましょう。

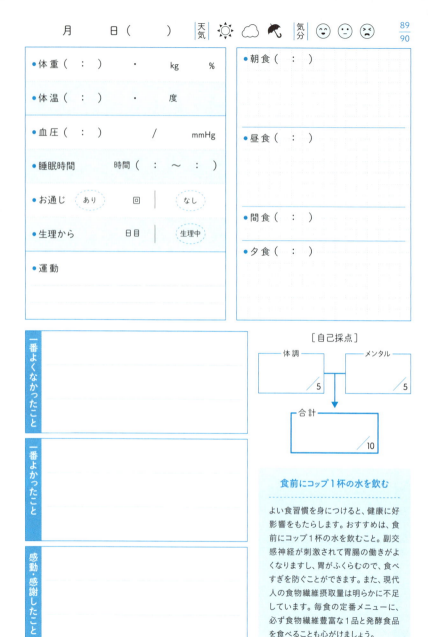

月　日（　）　天気　気分

● 体重（ ： ）　・　kg　%

● 体温（ ： ）　・　度

● 血圧（ ： ）　/　mmHg

● 睡眠時間　時間（ ： 〜 ： ）

● お通じ　あり　回　|　なし

● 生理から　日目　|　生理中

● 運動

● 朝食（ ： ）

● 昼食（ ： ）

● 間食（ ： ）

● 夕食（ ： ）

一番よくなかったこと

一番よかったこと

感動・感謝したこと

［自己採点］

体調　/5

メンタル　/5

合計　/10

自分は今が一番若いと思う

過去を振り返り「○歳の頃はよかった」などと思うこともあるでしょう。過去の栄光にすがったり、若い頃を懐かしんだりしていると、前に進むパワーが弱くなります。ときには、物事の見方をちょっと変えてみましょう。過去から見れば今の自分は一番年をとっていますが、未来から見れば一番若いですよね。自分を「若い」と思っていると、行動や考え方が前向きになります。

61～90日のまとめ

90日間を終了したあなたには、
自律神経のセルフケアが身についているはずです！
最後の1ヵ月間を振り返って感想を書き込みましょう。

3ヵ月目の目標は達成できましたか？

□ YES　□ NO

よかったこと

よくなかったこと

3ヵ月の総評

90日間 おつかれさまでした！

Check! ✓ 90日間を終了して、あなたの体調は改善されましたか？
今、あなたが感じている不調にチェックを入れ、90日前と比べてみましょう。

- □ 疲れ・だるさ
- □ 頭痛
- □ 腰痛
- □ 肩こり
- □ めまい
- □ 耳鳴り
- □ 肥満
- □ 食欲の低下
- □ 便秘・下痢
- □ おなかが張る
- □ 冷え
- □ 手足のしびれ
- □ 高血圧
- □ 生理痛・生理不順
- □ 過食
- □ 肌荒れ
- □ 抜け毛
- □ 不眠
- □ イライラ
- □ 不安
- □ やる気が出ない
- □ 集中力の低下

この90日間で、あなたは確実に自律神経を整えるコツを身につけたはずです！
上のリストのチェックした項目は、90日前と変わっていましたか？
体調面とメンタル面にどんな変化が起きたかを書き出してみましょう。

● **体調面の変化は？** （例）肩こりがなくなった

● **メンタル面の変化は？** （例）やる気が出てきた

小林式

自律神経を整えるために習慣化したい！

5つの健康メソッド

小林先生が考案した自律神経のバランスを整える健康メソッドを紹介。運動や食事、リラックス法など、毎日の生活に気軽に取り入れられるものばかりです。ぜひ実践してみてください。

メソッド1

運動

小林式 スクワット

呼吸しながらゆっくり運動すると、全身の血流がよくなります。でも、激しい運動は交感神経が高まるので、自律神経の安定には逆効果。おすすめはスクワットです。場所を選ばずいつでも行えるうえ、下半身に滞りやすい血流を、上半身へとスムーズに押し上げてくれます。

1

基本の姿勢で立つ

足を肩幅に開き、両手を頭の後ろにつけ、胸をしっかり開く。

2

ひざを曲げ、伸ばす

息を吐きながら、腰とおなかをまっすぐ伸ばしたままゆっくりとひざを曲げる。軽く曲げたら、今度は息を吸いながら、ゆっくりとひざを伸ばす。

スクワットのポイント

- □ 朝と夜行う
- □ 4秒で曲げ、4秒で伸ばす
- □ 5～30回が1セット
- □ 1日3セット

こんなスクワットはNGです！

- × 腰をかがめる
- × 呼吸を止める
- × ひざを90度以上曲げる
- × ひざがつま先より前に出る
- × 両足の間隔が肩幅より狭い・広い

メソッド2

食事

小林式 長生きみそ汁

日本を代表する発酵食品であるみそは、栄養満点のスーパーフードです。毎日食べるみそ汁にひと工夫するだけで自律神経や腸内環境をさらに整えることができます。汁椀にお湯を注いでみそ玉を溶かし、好きな具材を追加すれば、あっというまに長生きみそ汁が完成です！

基本のみそ玉の作り方

材料 みそ玉10個分／みそ汁10杯分

抗酸化効果を高めるメラノイジンが豊富
赤みそ……80g

ストレス抑制効果があるGABAを含有
白みそ……80g

解毒作用があるアリシン、ケルセチンが豊富
玉ねぎ……150g（中1個）

塩分排出効果があるカリウムを含有
りんご酢……大さじ1

1 玉ねぎをすりおろす

ボウルなどの器に玉ねぎをすりおろす。冷蔵庫から取り出してすぐのものを使えば、目にしみにくい。

2

みそ、りんご酢をまぜる

❶に赤みそ、白みそ、りんご酢を入れ、泡立て器で混ぜあわせる。

3

製氷器に入れる

スプーンで製氷器に分け入れ、冷凍庫で凍らせる。

長生きみそ汁の食べ方

◉——みそ玉1個が1人分。お湯は150㎖が目安です。

◉——お鍋に好きな具材と水150㎖を入れて煮立たせ、火を止めてみそ玉を入れ、よくかき混ぜましょう。
2人分、3人分作るときは、みそ玉と水の量を増やしてください。

◉——きのこ類や根菜など、食物繊維が豊富な野菜を具にすると、腸内環境がいっそう整います。

◉——みそ汁だけでなく、マヨネーズとあわせてディップにしたり、炒め物の味つけに使ってもOK！

メソッド3

血流アップ

小林式 セルエクササイズ

細胞（セル）を活発にして自律神経をコントロールするエクササイズです。気持ちよく体を伸ばすことで心身の緊張がほぐれ、血流が促進されて、リラックスモードの副交感神経が高まります。就寝前に行うとぐっすり眠れます。

手のひらを合わせるのが難しい人は、前側の手を後ろに返して、腕を固定するやり方でもOKです。

1

体を上に伸ばす

足を肩幅に開き、両腕を頭の上に伸ばして両手を交差し、手のひらを合わせる。鼻から息を吸いながら、全身を上に伸ばす。

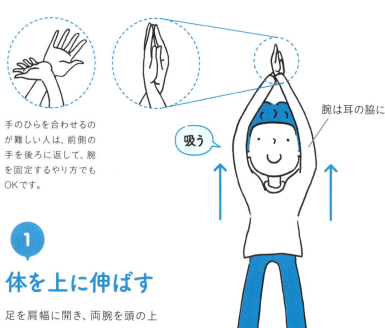

2 上半身を左右に倒す

❶の姿勢に戻り、鼻から息を吸う。つぎに口からゆっくり息を吐きながら、4秒かけて上半身を左右に倒す。わき腹が伸びていることを意識する。

3 上半身を前に倒す

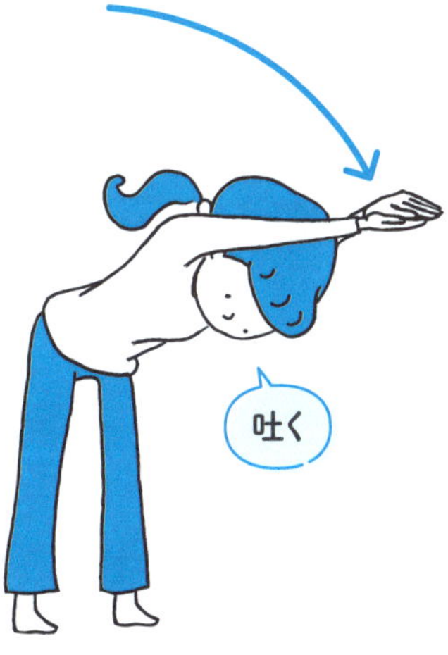

背すじをピンと伸ばしたまま、口から息を吐きながら、4秒かけて上半身を前に倒す。

4 上半身を大きく回す

❶の姿勢に戻り、背すじを伸ばしたまま、天井に大きな円を描くイメージで上半身をゆっくり回す。左回り、右回りそれぞれ4秒ずつ行う。

メソッド4

リラックス

小林式 1：2《ワンツー》呼吸

緊張すると交感神経が高まって呼吸が浅くなるので、血流が悪くなります。そのため思考力、判断力、発想力がダウンし、本来もっている力を発揮できません。大切な場面でも、いつもの自分でいられるように、「1：2呼吸」を覚えましょう。

1 鼻から息を吸う

3～4秒かけて、鼻から息を吸う。

2 口からゆっくり吐く

口をすぼめ、6～8秒かけて口からゆっくり息を吐く。なるべく長く息を吐くことを意識する。

3 繰り返す

❶～❷を5～7回繰り返す。

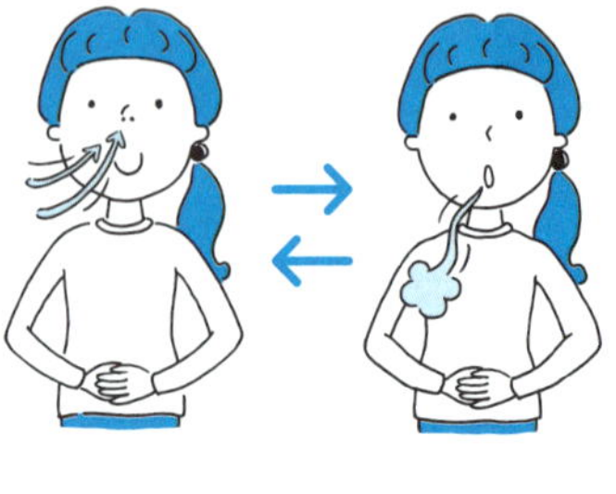

メソッド5

疲労回復

小林式 お風呂健康法

バスタイムは1日の疲れを癒やす最高の時間です。ぬるめのお湯に「全身浴5分＋半身浴10分」ゆっくりつかる入浴法で、自律神経が交感神経から副交感神経へとスムーズに移行して、心身の疲れがすっきり解消されます。

1 全身浴を5分

初めの5分間は、39～40℃のぬるめのお湯に肩までしっかりつかる。

2 半身浴を10分

肩を出して半身浴を10分行う。湯船のなかでストレッチをしても。

※バスタブにみぞおちあたりまでお湯をはっておけば、体の角度を変えることで全身浴と半身浴を両方できます。

3 お風呂あがりにコップ1杯の水を飲む

お風呂に入ると、思った以上に汗をかいているので、コップ1杯の水を飲む。

自律神経がよろこぶ 1日のスケジュール

6:30

朝起きたら、コップ1杯の水を飲む

朝日を浴びて水を飲み、体に朝が来たことを伝えましょう。腸の働きがよくなります。

7:00

朝ごはんをしっかり食べる

自律神経にとって朝食は特別な存在。ヨーグルトだけでもいいので、必ず食べましょう。

21:00

夕食の1時間後から就寝の1～2時間前に入浴

シャワーだけで済ますと体が芯まで温まらないので、冷えや不眠の原因になることも。30～40℃のぬるめのお湯につかることで疲れがとれ、入眠しやすくなります。

23:00

寝る前に3行日記を書く

1日を振り返る「3行日記」は心のデトックス。心が安定して、自律神経を良好に保つことができます。また、就寝前に「セルエクササイズ」を行うと眠りの質が高まります。

昼間は交感神経が、日が暮れたら副交感神経が優位になるのが理想です。
自律神経をすっきり整えるための1日の理想的な過ごし方の例を紹介します。

9:00

午前中は発想力が必要な仕事をする

自律神経のバランスが整っている午前中は、脳を使う仕事に向いています。疲れたら「1：2呼吸」でリラックス。

12:30

ランチは軽めに

昼食はなるべく軽めに。炭水化物のとりすぎは、睡魔のもと。食前に水を1杯飲むと食べ過ぎを防げます。

18:00

通勤・退勤は運動のチャンス

オフィスや駅では階段を使ったり、最寄り駅のひとつ前で降りて家まで歩けば運動になります。帰宅後、軽くスクワットを。

19:00

晩ごはんは眠る3時間前までに

晩ごはんから寝るまでに時間が短いと副交感神経の働きが鈍るので、消化・吸収が不十分に。栄養効果抜群の長生きみそ汁を副菜にするのがおすすめ。

読むと自律神経が整う知っ得コラム

自律神経は年齢とともに衰える

10～20代は副交感神経の働きが活発なので、仕事で無理をしたり、夜更かしをしても自律神経のバランスが大きく崩れることはあまりありません。しかし、男性は30代、女性は40代以降になると、自律神経の機能が低下し始めます。筋肉や脳の働きが悪くなり、疲れやすいという症状も加齢による自律神経の衰えが原因かもしれません。

自律神経は1週間のうち、木曜日が乱れやすい

自律神経の1週間の波を調べたところ、水曜日から自律神経のパワーが下がり始め、木曜日に最低値になりました。つまり、週の半ばから疲れがたまるということでしょう。自律神経が乱れているときに、ハードな仕事を入れると失敗する可能性が高まるかもしれません。木曜日はなるべく早く仕事を切り上げて、自宅でのんびり過ごすことをおすすめします。

生活が乱れると自律神経も乱れる

つい、飲みすぎたり食べすぎたりしてしまう、部屋の中が散らかっている、夜更かしをしてしまう……思い当たることはありませんか？　だらしない生活を送っていると、自律神経のバランスが崩れます。そして心身ともに不調をきたしてさらに生活が乱れる、という悪循環に陥りかねません。NGな生活習慣を定期的に見直し、できることから改善しましょう。

超一流の人は2つの自律神経の働きがいい

超一流のアスリートは、最高のパフォーマンスを発揮できるといわれる「ゾーン」に自ら入れるよう、メンタルを鍛えています。ゾーンは、交感神経と副交感神経がどちらも活発でバランスよく働いている状態です。一般の人も自律神経を意識した生活をすれば、2つの自律神経のバランスを整えることができ、必要なときに実力を発揮できるようになります。

自律神経と上手につき合っていくために
知っておきたいプチ情報を集めました。

自律神経が整えば心も体も若返る

同じ年でも若く見える人と老けて見える人がいますよね。その違いには自律神経が深くかかわっています。交感神経・副交感神経、どちらもバランスよく活発な人は、胃腸の調子がよく、栄養が体のすみずみまで行き渡るため、肌や髪のツヤがいいのです。吸収されなかった栄養が脂肪として蓄積されることもないため、太らずにスリムでいられます。

自律神経が乱れると風邪をひく

寒いと交感神経優位の状態が続き、免疫システムに影響が出ます。すると免疫細胞の一種であるリンパ球が減少し、風邪をひきやすくなります。風邪に限らず病気にならないためには、緊張やストレスをできるだけ避けて交感神経を上げすぎず、副交感神経がよく働くようにすることが大切です。自律神経のバランスが整えば、免疫力がアップします。

自律神経のバランスは、季節の変わり目に乱れやすい

自律神経の働きは季節によって変動します。春から夏にかけては副交感神経が上昇して交感神経が下がり、秋から冬にかけては副交感神経が下がって交感神経が上昇するのです。季節の変わり目で寒暖差が激しいと自律神経のバランスが乱れ、体調を崩しやすくなります。

◎交感神経と副交感神経の季節での変化

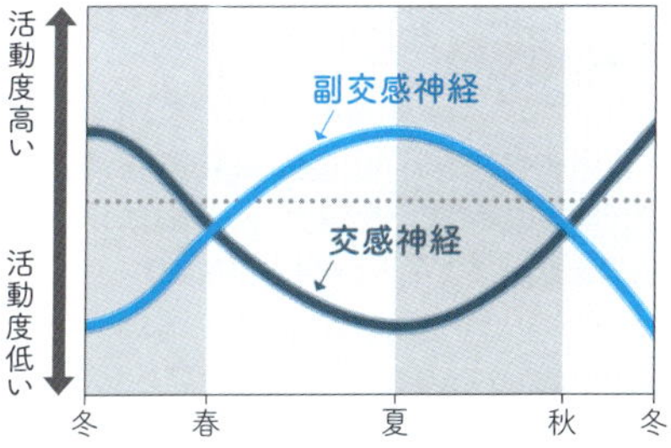

衝動買いをする人は自律神経が乱れている

ストレス発散のために買い物をするという人がいますが、衝動買いをしすぎてしまう場合は要注意！　交感神経が過度に緊張して欲求を抑えられない状態にあると考えられます。ショッピングは計画的に行うのがベストです。つい衝動買いをしてしまう人は、自律神経が乱れていると考え、副交感神経の働きをよくするように心がけましょう。

「引っ越し」は自律神経を乱す

引っ越しをすると新しい気持ちで生活をスタートできますが、自律神経にとってはいいこととはいえません。日当たり、ベッドの寝心地、近隣への買い物など、新しい環境に適応するのにストレスがかかり、自律神経が乱れやすくなるからです。引っ越しをする際は、自律神経が乱れるものだと覚悟し、なるべく落ち着いて行動するように心がけましょう。

痩せない理由は腸にある

腸内環境が悪くなると、必要な栄養素が吸収されずに老廃物が体にたまります。老廃物は血液をドロドロにして全身にわたり、内臓脂肪として蓄積されてしまうのです。
腸を働かせるのは、副交感神経です。太っている人の自律神経を調べたところ、副交感神経の働きが極端に落ちていることがわかりました。腸内環境をよくする生活と自律神経を整える生活はイコールといってもいいでしょう。あまり食べないのに太ってしまう人は、自律神経を整える生活習慣を実践してみましょう。

「よい疲れ」と「悪い疲れ」がある

「運動して気持ちよく汗をかいた」「遊び疲れてクタクタだ」という状態は、肉体的疲労があっても精神的には満たされている「よい疲れ」です。一方「やってもやっても仕事が終わらない」「人間関係の悩みで疲れがとれない」というのは、精神的疲労が大きい「悪い疲れ」。自律神経のバランスが崩れているので、ほうっておくと心身の健康に影響が出てしまいます。

自律神経はお天気にも左右される

雨や曇りの日はなんとなくやる気が出ない、と感じることはありませんか？　それは体を休ませる副交感神経が優位になっているから。逆に晴れた日は、交感神経が活発なのでやる気に満ちあふれます。自律神経のバランスを整えるためには、雨や曇りの日こそ体を動かし、晴れた日はゆっくり、のんびりすることを心がけましょう。

心と腸は深い関係にある

緊張したときにおなかが痛くなった経験はありませんか？ それは脳が自律神経を介して、腸にストレスの刺激を伝えるからです。そのためストレスが続くと下痢や便秘になることも。逆に腸内環境が悪化すると、幸せ物質「セロトニン」が分泌されなくなり、気力ややる気の低下を招くこともあります。腸内環境の好不調は、自律神経の好不調とリンクしているのです。

ドキドキ・ハラハラも人生のスパイス

ストレスがあると自律神経は乱れます。しかし、ストレスが全くなくなると人生に張り合いや緊張感もなくなり、楽しみや喜びさえも感じられなくなるのです。許容範囲を超えたストレスは心身に不調をきたしますが、スパイス程度に適度にある状態はストレス耐性を高め、自律神経を乱れにくくするプラスの作用もあるといえます。

自律神経の乱れは伝染する

仕事で大事なプロジェクトが進行していると、交感神経が高まってチーム内がピリピリしてしまいがち。そんなとき、自律神経が安定している人が笑顔で声かけしてくれると、雰囲気が一気になごむことがあります。自律神経はよくも悪くも周囲の人間関係に影響を与えます。自律神経を整えるのは自分のためだけではなく、周囲のためでもあるのです。

忙しいときこそ「デジタル・デトックス」にチャレンジしてみる

交感神経の働きは朝から昼にかけて上昇し、夜にかけてなだらかに低下するのが正常です。しかし、夜遅くまで仕事をしてパソコンやスマホの画面のブルーライトを浴び続けると、いつまでも交感神経が優位なままに……。その結果、副交感神経とのバランスが崩れ、心身に不調をきたします。忙しいときほど、自分のできる範囲で「デジタル・デトックス」にチャレンジしてみましょう。

産後は自律神経が乱れやすい

出産後はホルモンバランスが大きく乱れるため、自律神経に影響が出ます。また、育児のプレッシャーや睡眠不足、生活環境の変化によるストレスで、自律神経はさらに乱れがちに……。家庭の事情や状況によるので難しいかもしれませんが、産後こそ自律神経にやさしい生活を心がけましょう。

自律神経の乱れと貧血の症状は似ている

めまい、立ちくらみ、息切れ、疲れやすい、倦怠感、朝起きるのがつらい……。これらの症状は、自律神経の乱れと貧血に共通するもので、区別がつきにくいため、つらければ医療機関で血液検査を受けることをおすすめします。貧血だとわかれば鉄分をとること、貧血でなければ自律神経が原因の可能性があるので、生活習慣を見直しましょう。

食事の比率は「朝4：昼2：夜4」が理想的

朝食は自律神経の安定に一番大切な食事です。副交感神経の働きを促すので、腸も動き出し、お通じにもいい影響が出ます。朝食をとらず、昼にまとめて食べるという人がいますが、もっともやってはいけないパターンです。昼に食べすぎると副交感神経が働きすぎて眠くなり、いいパフォーマンスを発揮できません。また、晩ごはんは、ゆっくり楽しみながら食べましょう。お酒は適量ならOKですが、悪酔いを防ぐために、お酒１杯に対して水をコップ１杯の割合でちょこちょこ飲むことをおすすめします。

食事間隔は6時間ごとが理想的

食事は腸への刺激です。1日1～2回の刺激では活性化されませんし、逆に多すぎると腸は疲れてしまいます。そのため、1日3食がベストです。食べたものはほぼ6時間で消化されるので、6時間ごとに食事をとれば、腸への負担がかかりません。夜は寝る3時間前までに食事を済ませ、なるべく消化のいいものを食べましょう。

睡眠の質は自律神経が決める

日本人の5人に1人が睡眠不足といわれています。睡眠の質が下がるのは、「休息の神経」といわれる副交感神経の働きが落ちているから。眠る前に副交感神経が優位な状態なら、心拍数、血圧、体温が下がって呼吸も穏やかになり、自然と眠りにつけるでしょう。夜になっても交感神経が優位なままだと、リラックスできずになかなか眠れません。

知っておくと便利！

体調管理に役立つデータ集

自律神経を整える生活を送ると、自然と健康意識が高まります。
心と体の健康管理のために便利なデータを集めました。

メタボの診断基準

体内の代謝がうまくいかずに、生活習慣病のリスクが高まっている状態が「メタボリックシンドローム」です。メタボと診断されたら、生活習慣を見直してダイエットしましょう。

必須

おへその位置での腹囲

男性	85cm以上	女性	90cm以上

＋

ⒶⒷⒸのうち2つ以上に該当する人は、メタボリックシンドロームです

Ⓐ 血糖

空腹時血糖
110mg/dℓ以上

Ⓑ 血圧

収縮期血圧
130mmHg以上
拡張期血圧
85mmHg以上

どちらか、または両方

Ⓒ 血中脂質

中性脂肪
150mg/dℓ以上
HDLコレステロール
40mg/dℓ未満

どちらか、または両方

BMIと適正体重

BMI（Body Mass Index）は、身長と体重から肥満度をしめす体格指数です。適正体重の目標にしましょう。

$$BMI = \frac{\text{体重(kg)}}{\text{身長(m)} \times \text{身長(m)}}$$

	BMI
やせ	18.5未満
通常	18.5以上 25未満
肥満	25以上

活動レベル別 1日に必要なカロリー量

身体活動レベル「低い」

生活の大部分が座位で、静的な活動が中心。

年齢	男性	女性
18～29歳	2,250 kcal	1,700 kcal
30～49歳	2,350 kcal	1,750 kcal
50～64歳	2,250 kcal	1,700 kcal
65～74歳	2,100 kcal	1,650 kcal
75歳以上	1,850 kcal	1,450 kcal

身体活動レベル「ふつう」

座位中心の仕事だが、職場内での移動や作業、あるいは通勤・買い物・家事・軽いスポーツなどのいずれかを含む。

年齢	男性	女性
18～29歳	2,600 kcal	1,950 kcal
30～49歳	2,750 kcal	2,050 kcal
50～64歳	2,650 kcal	1,950 kcal
65～74歳	2,350 kcal	1,850 kcal
75歳以上	2,250 kcal	1,750 kcal

身体活動レベル「高い」

移動や立位の多い仕事に従事。または、スポーツなど余暇における活発な運動習慣をもっている。

年齢	男性	女性
18～29歳	3,000 kcal	2,250 kcal
30～49歳	3,150 kcal	2,350 kcal
50～64歳	3,000 kcal	2,250 kcal
65～74歳	2,650 kcal	2,050 kcal
75歳以上	—	—

厚生労働省「日本人の食事摂取基準（2025年版）」より

血圧の基準値

最大血圧は心臓から血液を送り出すときに血管内にかかる圧力、最小血圧は心臓へ血液が戻るときの圧力です。最大血圧が高いと動脈硬化になりやすいことがわかっています。家庭で測る場合は最大135または最小85以上、病院などで測る場合は最大140または最小90以上で高血圧と診断されます。

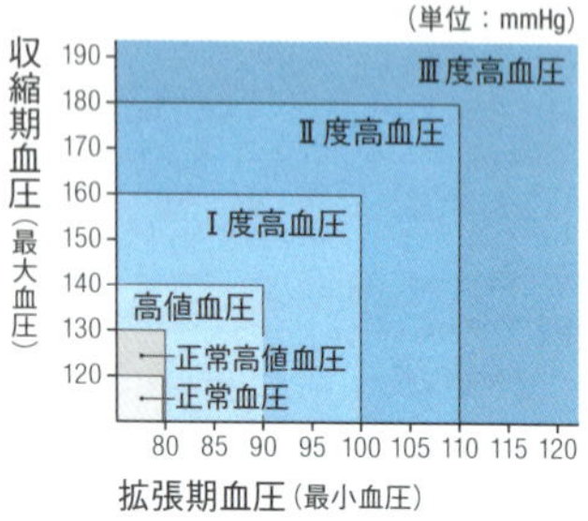

※「高血圧治療ガイドライン2019」より

基礎代謝量の年齢変化

人間が1日で消費するエネルギーの約60%は基礎代謝が占めているといわれます。基礎代謝量は加齢に伴って低下するため、30歳を過ぎてからも20代の頃と同様に食べて、運動量も同じならば肥満を招きます。基礎代謝の低下を防ぐには、毎日の運動を習慣づけ、筋肉量を維持・増加することがポイントです。

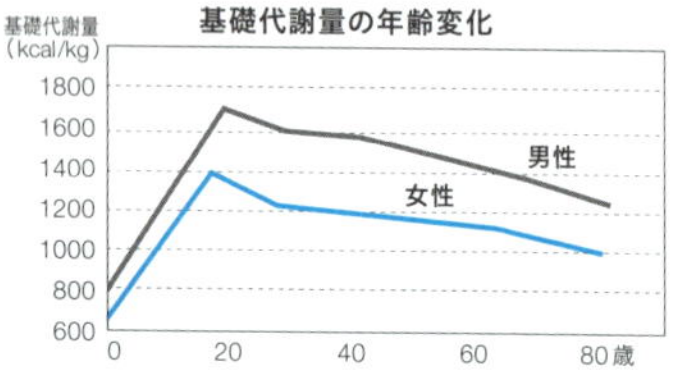

※厚生労働省「日本人の栄養所要量」より

睡眠時間の目安

睡眠中は、細胞の修復や疲労回復を促す成長ホルモンが分泌されます。しっかり眠ることは健康だけでなく肌ツヤの改善など、美容にもいい効果をもたらします。

年齢	推奨される時間
14～17歳	8～10時間
18～64歳	7～9時間
65歳以上	7～8時間

※適切な睡眠時間には個人差があります。まずはこの時間の範囲で眠ってみて様子をみましょう。

心拍数の基準値

心拍数は、1分間に心臓が打つ回数です。自分で測る場合は脈をとって調べます。1分間測っても、15秒、30秒測って4倍、2倍にしてもいいでしょう。

（単位：回/分）

少ない	59以下	不整脈、甲状腺機能低下症などの可能性も
基準値	60～90	
多い	91以上	不整脈、甲状腺機能亢進症、貧血などの可能性も

※心拍数には個人差があります。普段から計測して自分の平均を知っておきましょう。

生理周期と心身のリズム

個人差はありますが、およそ28日周期でおとずれ、1回の生理は平均5～7日間です。女性ホルモンには2種類あり、排卵後に黄体ホルモンが増えると体調やメンタルがデリケートに。生理後～排卵前までは卵胞ホルモンが増え、体調もメンタルも安定します。

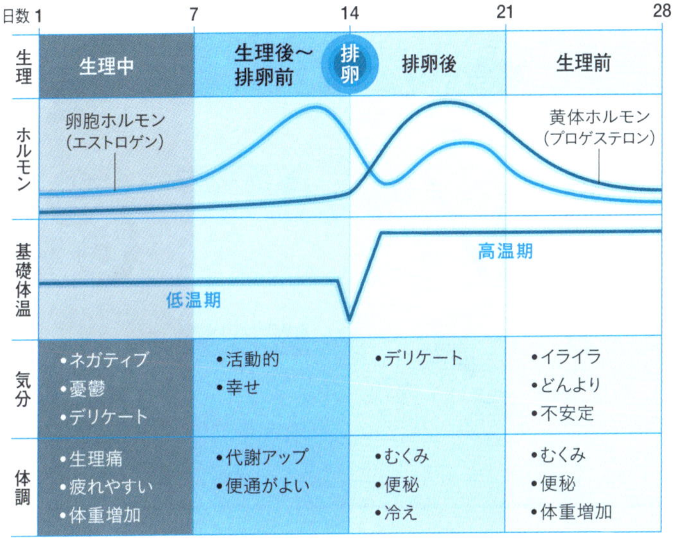

理想的な1日の歩数の目安

	20～64歳	65歳以上
男性	9000歩	7000歩
女性	8500歩	6000歩

※厚生労働省　健康日本21より

ウォーキングは、体内に酸素を取り入れて脂肪を燃焼させる有酸素運動です。運動開始後20分ぐらい経つと脂肪が燃焼され始めるといわれます。健康にいいとされる左記の歩数を目安に、無理のない範囲で歩いてみましょう。

食物繊維がとれるおすすめ食材

腸活のため、食物繊維が豊富な食品を食べましょう。1日の摂取目標量は男性21g、女性18g以上です（18～64歳の場合）。

穀類

玄米……1.4g
胚芽米……0.8g
とうもろこし……3.0g

豆類

納豆……6.7g
おから……11.5g

芋類

さつまいも……2.2g
さといも……2.3g
こんにゃく……2.2g

野菜

ごぼう……5.7g
ふき……1.3g
セロリ……1.5g
アスパラガス……1.8g

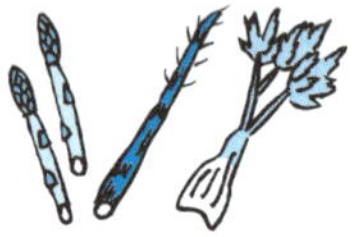

くだもの

アボカド……5.6g
バナナ……1.1g
キウイ……2.6g

きのこ類

しいたけ……4.9g
しめじ……3.5g
えのきだけ……3.9g

海藻類

わかめ……3.6g
寒天……1.5g
ひじき……3.7g

タンパク質がとれるおすすめ食材

タンパク質は体をつくるもと。1日の摂取推奨量は男性65g、女性50gです（18～64歳の場合）。

肉類

豚ロース肉……21.1g
牛ヒレ肉……19.1g
鶏ささみ肉……24.6g
ビーフジャーキー……54.8g

魚類

マグロ赤身……26.4g
かつお……25.8g
さば……20.6g
干しするめ……69.2g

豆類

きな粉……36.7g
湯葉……21.8g
納豆……16.5g

乳製品

チーズ……22.7g
ヨーグルト……3.6g
牛乳……3.3g

※数値は可食部100gあたりの含有量です　※文部科学省「日本食品標準成分表2020年版（八訂）」をもとに作成

腸活おすすめ発酵食品

菌が腸内で活動できるのは3~4日。
毎日続けて食べることが大切です。

みそ

酒かす

納豆

キムチ

ヨーグルト

甘酒

チーズ

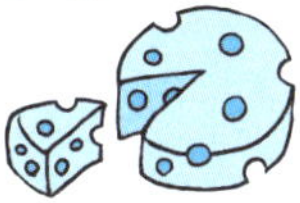

ぬか漬け

便の状態

便の形状や量は、腸内の状態をあらわしています。下の表で自分の便の状態を確認しましょう。硬すぎたり、やわらかすぎたりする便は、腸内環境が乱れている証拠です。

硬い	1	コロコロ便			うさぎの糞のように硬くてコロコロしている
	2	硬い便			塊状の便がいくつもくっついている
	3	やや硬い便		○	バナナ状で水分がなく、表面がひび割れている
	4	普通便		◎	バナナ状で適度ななめらかさがある
	5	ややかやわらかい便		○	形はあるが、水分が多く、ややややわらかい
	6	泥状便			形がなく、べちょべちょしている
やわらかい	7	水様便			固形物がなく液体状

※ブリストル便形状スケールより引用

【監修者】

小林弘幸（こばやし・ひろゆき）

◉——順天堂大学医学部教授。東京都医師会理事。日本スポーツ協会公認スポーツドクター。順天堂大学医学部卒業。同大学大学院医学研究科修了後、ロンドン大学付属英国王立小児病院外科、トリニティ大学付属医学研究センター、アイルランド国立小児病院外科での勤務後、順天堂大学医学部小児外科学講師・助教授、順天堂大学附属順天堂医院医療安全対策室室長などを経て現職。

◉——自律神経研究の第一人者として、プロスポーツ選手、アーティスト、文化人へのコンディショニング、パフォーマンス向上指導に関わる。また、順天堂大学医学部附属順天堂医院に日本初の便秘外来を開設。「腸のスペシャリスト」としても知られる。著書多数。テレビ、メディア出演も多数。

[STAFF]

イラスト　熊猫手作業社・長田充代
デザイン　谷元将泰
編集協力　糸井千晶（cocon）
校正　西進社

90日つけるだけ
自律神経　心と体が整うノート

2025年5月10日　第1刷発行

監修者　小林弘幸
発行者　永岡純一
発行所　株式会社永岡書店
〒176-8518　東京都練馬区豊玉上1-7-14
代表☎03（3992）5155　編集☎03（3992）7191
印刷所　誠宏印刷
製　本　ヤマナカ製本

ISBN978-4-522-44295-1　C0000